学会带教

主编

李百艳

副主编

刘文杰
张　新

——规范化培训视角下的
带教导师专业修炼

上海教育出版社
SHANGHAI EDUCATIONAL
PUBLISHING HOUSE

上海教师教育丛书编委会

总　序

　　教育改革的步伐已经进入了关注教师发展的新阶段。不是因为课程改革已陷于制度性疲倦,不是因为评价改革终将受制于社会发展的瓶颈,也不是因为我们拥有超过千万的中小幼教师队伍,每年有数十万的青年人正在进入这个领域。课程也好,评价也罢,根本上它们都内在于教师。拥抱"教师的年代",不在于讨论有多少以教职为生计的人,而在于如何拥有师者的内在品质,值得学生效法,使自己从一名教者成长为一名真正的师者。

关注教师是国际教育改革的普遍趋势

　　制度化教育确立以来,课程长期占据着学校教育的中心地位。直到20世纪60年代,国际教育界才开始把视线转向教师。这是由于课程、教学、评价、管理这些学校层面的所有改革,最终都离不开教师。尽管半个世纪以来,教师职业到底算不算专业还存有不同的看法,但关于教师的专业化问题持续受到广泛关注。

　　中国向来具有别于西方的教育传统。中国古代教育有重教师、轻课程的传统,唯这种传统并未演化成现代意义上的教与学的机制,更未形成制度化的学校,因此循着传道授业解惑的路径发展教师素养的希冀,愿望虽好,但缺少登梯之阶,难以形成规范。近年来,随着教育国际交流的增进,尤其是上海学生在PISA项目中的表现,引来国际社会对中国教师组织化程度经验的关注,其中教研组和集体备课被认为是两大亮点。因为在西方,教师的教学行为被认为是从属于个人的专业行为,即便是同行也不得任意干预,可以想见,其结果便影响到授业与指导经验的传播。问题是,中国学校教研组的形式究竟以怎样的方式引导教师提升专业能力,尚缺乏充分的论证和公认的成果。理论上来说,一个组织如果确实发生了影响,既有可能是正面积极的,也有可能是负面消极的。教研组对于教师的影响,既未被证实也未被证伪,能否成为经验尚待科学论证。至于集体备课,不久前在上海对近8000名中小学幼儿园教师所进行的问卷调研显示:面对庞杂的课程事实和众说纷纭的教师要求,一大批成长期的教师从茫然不知所措,到随波逐流;而所谓"成熟期"的教师则顾影自怜地停留在自我经验的世界中,真正知识讲授型教师则难觅踪影。教师发展的局限已成为深化课程改革的短板,这样的局面不改变,教育质量有大滑坡的风险。

教师的成熟需要积累丰富的社会实践

在汉语中,我们把师者称为"老师",一般解释其中的"老"无义,表尊敬。其实《荀子·致士》中强调了做老师有四个条件,其中一条曰"耆艾而信,可以为师"。古人把50岁的人称为"艾",把60岁的人称为"耆",把70岁的人称为"老"。这或是"老师"称谓的早期由来。可见,年龄本是成为教师的一项先决的基本条件。只是在制度化教育出现以后,尤其是以分科为特征的知识传授成为学习的基本形式形成以来,这种年龄的限制才被取消。

古人为什么会对为师者设置年龄限制,是因为教师的职业属性是一名"杂家",这样的"杂家"不经过长期的、丰富的社会实践积累,是难以炼成的。在今人眼里,"杂家"似乎意味着专业程度低人一等。其实,无论是在古代中国还是在近代西方,强调的都是社会中的个体应具备多方面的才能。孔子所谓的"君子不器"不是在谈"杂家"吗?而马克思关于人的全面发展又何尝不是在谈"杂家"呢?及至当代,"把一个人在体力、智力、情绪、伦理各方面的因素综合起来,使他成为一个完善的人,这就是对教育基本目的的一个广义的界说"(《学会生存》)。这句话表明"杂家"较之于"专家"更近于"完善的人"。教师面对的是多姿多彩的学生,每个学生都有各自的阅历,他们的家庭、他们的生活、他们的所见所闻都不尽相同,每个学生都是一个完整的世界,每个学生又都是一个独特的世界。教师要想成为学生精神生活的指引者,自己必须是一个精神生活丰富的人。而精神生活丰富的基础就是有渊博的知识,不仅是专业知识,而且是与之相关的各方面的知识。

岗位成长已成为教师专业发展的共识

我们拥有成熟的师范教育体系,拥有完备的教师任职制度,是否就意味着我们拥有了优秀教师的培养机制? 想要回答这一问题,须明了教师是师范院校培养的吗? 教师资格认证制度是从教的当然资质吗?

教师知识与技能的习得途径主要有三种:一是书本阅读,二是课堂知识传授,三是实践体悟。前两种可以通过岗前培养与训练获得,后一种则需要在岗锻炼习得。这就意味着,一名真正合格的教师无法在职前培养中完成,亦无法依靠教师资格认证制度自然解决。这也可以解释为什么近年来相当数量的示范性高中多从综合性大学招收新任教师,是示范性高中教学要求低,还是这些学校无视教育的专业属性? 答案显然不是。教师的专业性主要不在于"知",而在于"行",即一名教师在从教岗位上的实践、探索、体验、反省和觉悟。可以认为,教师是在岗位实践中自我形塑的,师范院校也好,综合性大学也罢,都不过是为一名教师从教所做的预判性准备。

所谓教学,不是教师从书本上把知识搬家一样送到学生面前,它必须融入教师自己的透彻理解,没有教师的透彻理解很难有学生的透彻理解,"以其昏昏,使人昭昭"的事在教育上是难以发生的。在教师透彻理解的基础上,还必须考虑知识传授的方法。采取什么样的方法,除了教师的个人喜好外,还涉及知识的难易程度、学生的接受程度以及教学资源的承受能力等因素,取舍之间,包蕴着非常丰富的个性化知识。一名真正的优秀教师拥有丰富的个性化知识,犹如中医问诊中的察颜把脉。这种知识无法仅仅通过书本研读和知识传授获得,需要通过实践不断揣摩,从而得到一种内化了的知识。显然,它是一种非常个人化的特殊知识,需要教师在对每个学生"辨症"施教中不断积累,其习得主要依赖于教师的个人努力。由此,可以得到一条简单而又明确的结论:帮助一名从教者,使之成为一名真正的师者。可以说,帮助数以千万计的从教者,使其早日成长为师者,这是今日中国教师教育领域的一项重大课题。

助推教师成为教育的思想者、研究者、实践者和创新者

国家兴旺,教育为本;教育优先,教师为基。持续了半个世纪的教育改革浪潮把教师发展推到了历史的前台。在当代教育的历史进程中,教师不是单纯的任务执行者,而是教育的思想者、研究者、实践者和创新者。在专业发展的路径上,教师的主体地位、精神和意识得到了时代的推崇,教师专业化发展和对教师的重新发现将对教育产生重大影响。可以说,教师问题的重要性已无须讨论,而应考虑如何实践。

新一轮课程改革呼唤着教师创造性地施行教与学的行为。吊诡的是,一大批被应试熏陶出来的青年走上讲坛,他们却被要求培养有创新能力的学生。面对变化了的教学材料和教学要求,是施教者的一脸迷茫和不知所措。英国教育家沛西·能曾说过,教师是学生学习的最大动力。问题是,迷茫中的施教者如何才能让自己成为学生学习的动力呢?

基于上述认识,由上海市师资培训中心主持,联合上海师范大学、华东师范大学以及上海教育出版社等单位,倾力研发并打造了这套"上海教师教育丛书"。本丛书由"知会书系""知新书系"和"知困书系"三部分构成,分别聚焦新教师的教学规范、校本的教师研修经验以及优秀教师的成长启示,旨在从岗位上助推有资历和创造性的教师成长,这是我们的理想和愿望。

鉴于本书系不仅是上海也是国内自改革开放以来第一次全面系统开发的教师在岗培训教材,限于能力和水平,在编写过程中尚有诸多局限和不足,乞教于方家,不吝批评指正!

上海教师教育丛书编委会

2017 年 4 月

前　言

　　新任教师入职教育是世界各国教师培养普遍关注的话题,也是教师教育领域重要的研究主题之一。为整体提升中小学新入职教师的素质和能力,上海市于 2012 年开始在全市基础教育系统实施见习教师规范化培训。此项制度要求,从师范院校或其他高等院校毕业后进入上海市基础教育系统首次任教的人员,须由培训基地学校及聘任学校对其开展为期一年的见习教师规范化培训,旨在提高新教师的基本教育规范和核心能力,使其从合格到胜任的过程中实现高起点跨越。

　　要帮助新任教师成为一名真正的师者,教学指导(mentoring)作为入职培训中必不可少的环节,同时也作为核心环节,对新教师未来的专业发展起到关键作用。正如有的学者指出,带教导师制度是新教师入职教育制度的核心,带教质量直接影响着新教师入职教育的成效。因此,配备富有经验的带教导师,帮助他们规范、专业、有序地开展新任教师的教育教学指导工作,是见习教师规范化培训顺利开展的关键性保证。

　　带教导师首先是一名成熟的、富有经验的教师,普通教师成为带教导师的前提是其在教育教学方面已经具有较高的专业发展水平。然而正如有学者指出,教师"会教不一定会导"。不少带教导师在指导新教师时,因为引领方法和专业规范的缺失,容易凭经验办事,鲜有理性的反思,在一定程度上影响了带教的成效。带教导师不仅要具备教育教学方面的专业化能力和水平,也需要具备带教方面的核心知识与指导技能。简而言之,带教导师不仅要知道"怎么教学生,以达成学习目标",还要知道"怎么带教见习教师,以达成培训目标"。可见,面向学生的"教学"和面向新任教师的"带教"(或者说"指导")是具有不同性质的两项工作,由此引出了带教导师在带教方面的专业发展问题。

见习教师规范化培训工作开展以来，上海各区域层面一直在探索带教导师带教方面的专业发展课题，致力于培养合格乃至优秀的带教导师，以帮助他们顺利应对全新的角色和挑战，胜任见习教师带教工作，进而有效提升见习教师规范化培训的质效。历经多年实践和研究，浦东新区已经形成了一系列成熟的经验做法。浦东新区教育局和教育发展研究院面对新任教师体量大、增速快的挑战，为保证见习教师规范化培训的质量，不仅为见习教师配备了富有教育教学经验的带教导师，而且着力进行带教导师队伍建设，打造了一支师德水平高、专业素养高、业务能力强的带教导师队伍，开展了扎实有效的见习教师规范化培训，积累了较为丰富的经验。

基于此，在上海市师资培训中心的指导下，浦东教育发展研究院倾力研发并编写了《学会带教——规范化培训视角下的带教导师专业修炼》一书，为带教导师指导新任教师提供方法和策略。本书共有六章，分别聚焦带教导师的使命与应对、各带教专业发展阶段（新手阶段、中级阶段、高级阶段）带教技能的实操培训以及区域层面促进带教导师专业成长的机制与保障等，旨在帮助带教导师明晰带教使命，迅速进入导师角色，富有成效地开展带教工作，助推其带教专业能力的快速、高效发展。让优秀的人去带教，让被带教者变得优秀，带教者自身也变得更优秀。这样的培训模式，在确保见习教师规范化培训"高起点、高层次、高标准"的同时，也迅速提升了带教导师队伍的专业化水平，培养了一大批专家型教师。

见习教师规范化培训是上海乃至全国一项创新性的教师教育新举措，可借鉴的经验较少，特别是国内关于带教导师专业发展方面的文献十分缺乏，也限于能力和水平，本书在编写过程中尚有诸多局限和不足，恳请各位专家、学者和同行批评指正！

李百艳

2022 年 9 月

目　　录

第一章

带教导师的时代使命

新任教师入职教育是世界各国教师培养普遍关注的话题,也是教师教育领域重要的研究主题之一。上海市见习教师规范化培训制度从 2012 年开始建立,带教导师在采用多种方法有效促进见习教师获得专业成长的同时,也面临诸多挑战。每位带教导师都应根据教育发展和见习教师规范化培训的要求,及时调整带教方法和策略,科学、规范地助力新教师的成长。

第一节　新时代对带教导师的新要求

当今社会正处于飞速发展的信息化时代,新时代中国特色社会主义思想要求我们坚持全面深化改革,坚持新发展理念。伴随教育改革的深入,各方对教师队伍的要求日益提升,每一位教师,尤其是教师的教师——带教导师,更需要秉承终身学习的理念,持续提升,修炼自我。

一、践行见习教师规范化培训的政策引领

(一) 带教导师是落实多方培训政策的实施者

自 20 世纪 60 年代起,联合国教科文组织和国际劳工组织在巴黎、日内瓦肯定和强调教师职业的专业性之后,教师专业化就开始成为世界教师教育的发展方向。20 世纪 80 年代,在教师专业化运动的推动下,教师专业发展备受各界关注,旨在促进新教师专业发展的入职教育也逐渐受到重视。

1999 年,教育部颁布《中小学教师继续教育规定》,要求为新任教师提供为期一年且不少于 120 学时的培训。2001 年教育部颁布《基础教育改革纲要(试行)》,要求"地方教育行政部门应制定有效、持续的师资培训计划,教师进修培训机构要以实施新课程所必需的培训为主要任务,确保培训工作与新一轮课程改革的推进同步进行"。2010 年教育部颁布《国家中长期教育改革和发展规划纲要(2010—2020 年)》,明确指出要提高教师业务水平,须完善培养培训体系,做好培养培训规划,优化队伍结构,提高教师专业水平和教学能力。通过研修培训、学术交流、项目资助等方式,培养教育教学骨干、"双师型"教师、学术带头人和校长,造就一批教学名师和学科领军人才。

为贯彻落实《国家中长期教育改革和发展规划纲要(2010—2020 年)》和《上海市中长期教育改革和发展规划纲要(2010—2020 年)》文件精神,上海市教育委员会于 2012 年印发《上海市中小学(幼儿园)见习教师规范化培训的指导意见(试行)》,并在全市基础教育系统实施见习教师规范化培训制度。各区为有效推进见习教师规范化培训,先后出台了一些相关政策,如浦东新区于 2012

年印发《浦东新区见习教师规范化培训实施意见(试行)》,要求"见习教师在优秀教育教学团队的浸润和专门的指导教师带教的过程中,正确认识与迅速适应教师角色,形成良好的教育教学行为规范,强化教育教学实践能力,尽快胜任教育教学工作"。为保证见习教师规范化培训的质量,持续提高培训水平,规定见习教师的聘任学校和基地学校要为见习教师配备富有教育教学经验的带教导师,确保见习教师的培训时间,督促见习教师认真完成培训内容。

由此可见,新教师入职培训作为教师职前准备与职后专业持续发展的有效衔接,受到各级政府、教育行政部门的高度重视。而教学指导(mentoring)作为入职培训中必不可少的环节,同时也作为核心环节,对新教师未来的专业发展起到关键作用。因此,确保配备富有教育教学经验的带教导师、明确带教内容成为见习教师规范化培训顺利开展的关键性保障。

(二) 优秀带教导师是激活导师队伍的示范者

带教导师作为教师培训者,不仅是一个个体,更是一个群体。如何发挥优秀带教导师的引领与辐射作用,让更多的带教导师有章可循,并不断提高和创新,是一个值得探索的课题。

2012年上海市见习教师规范化培训项目启动伊始,个别区域已经开始关注优秀带教导师的遴选和激励,并制定了相应的措施。从制定优秀带教导师的遴选标准到优秀带教导师的推选和奖励,从优秀带教导师带教成果汇编分享再到优秀带教导师开发见习教师培训课程,每一步探索都激励着带教导师在扎扎实实完成带教任务的同时,要不断提升自身带教水平,向优秀的带教导师看齐。同时,也为市级优秀带教导师的评选标准和方案制定提供了参照,更为全市范围内进行优秀带教导师团队的互动交流和智慧分享搭建了广阔的平台。

2018年,上海市对见习教师规范化培训项目进行统筹规划和整体考量,从关注优秀见习教师到关注优秀带教导师,使见习教师培训迈向新的台阶,也在一定程度上调动了聘任学校和基地学校带教导师的积极性。从2018年上海市中小学(幼儿园)见习教师规范化培训优秀指导教师评选办法中,可以看出方向的引领、专业的要求和清晰的标准。例如:带教导师的评选范围包含基地学校和聘任学校;评选指标既关注带教导师的专业成长,也关注所带教见习教师的专业发展情况;评价主体综合考虑市级、区级和校级三方面的评价;评选展示既有文本材料分享,也有研讨分享和宣传推广等。这些举措为区、校两级优秀带教导师的评选提供了新的参考,指明了方向,更为激活带教导师队伍注入了全新的活力。

(三) 带教导师是区域教师教育的关注者

如同国家教育发展一样,一个区域从教育大区走向教育强区的关键在于教师队伍的发展,在于教师培训者的成长。因而,需要把优秀带教导师的作用从校级向区级乃至市级进行辐射,同时也需要区级层面加大对优秀带教导师的培育,制定因需而定、因人而异的培训方案,促使一批优秀的教师培训者成长起来,再由区域和学校层面的优秀教师培训者联合,共同推动区域带教导师培训由点到面的发展,进而真正实现对见习教师的引领作用。

见习教师规范化培训工作开展以来,区域层面一直在探索培养合格且优秀的带教导师,帮助他们顺利应对全新的角色和挑战,胜任见习教师带教工作,进而有效提升见习教师规范化培训的质效。历经多年实践和研究,有的区域形成了一系列成熟的经验做法,例如解读基地学校和聘任学校带教导师的带教内容、组织优秀带教导师进行经验分享、鼓励带教导师进行课程开发和课题研究、聘请高校课程与教学领域的专家开展系列讲座、组织市级和区级专家团队走进带教导师的学校进行个性化指导。这不仅契合了区域教师培训师政策的实践逻辑,也符合"带教导师不仅是一位学科教师,更是一位见习教师的指导教师"的理论思考。

二、追求教师个人专业成长的理论导向

近年来,随着教师入职培训的深入发展,人们越来越关注新教师入职培训中带教导师的专业发展。由于当前学界对带教导师专业发展的研究较少,本书主要从教师专业发展的一般理论和教师终身发展理论的角度对带教导师的专业发展进行理论思考。

(一) 带教导师作为教师和教师培训者的专业成长

"教师专业发展"是随着教师专业化进程的推进而产生的概念。对"教师专业发展"概念的辨析自20世纪开始,一直持续至今,但尚未形成一个被广泛认同的界定。有学者认为,"教师专业发展是指教学职业生涯的每一个阶段,教师掌

握良好专业实践所必备的知识与技能的过程"①;也有学者认为,"教师的专业发展就是教师的专业成长或教师内在专业结构不断更新、演进、丰富的过程……有观念、知识、能力、专业态度和动机、自我专业发展需要和意识等不同侧面"②;从内容上看,也有学者认为"教师专业发展指的是教师以自身专业素养,包括知识、技能和情意等方面的提高与完善为基础的专业成长和专业成熟的过程,是由非专业人员转向专业人员的过程"③。

虽然学术界对教师专业发展的内涵有不同的界定,但现有的界定体现出以下特征:首先,教师专业发展具有持续性和连贯性,贯穿教师教学职业生涯的全过程;其次,教师专业发展的主体是从事教学工作的教师;再次,教师专业发展的内容主要包括有关教学的专业知识、专业技能与专业情感;最后,教师专业发展强调教师的主动性、反思性和实践性。

我国学者胡惠闵指出:教师个体的主动发展并不是教师专业发展的最终理想,对好老师来说,其更希望通过自身的影响力带动更多的教师共同发展,从而形成一种集体的专业力量。如何成为一个专业发展的促进者与领导者是其突破专业发展瓶颈需要思考的问题。④

从已有研究来看,大部分研究都指向带教导师首先是一名成熟的、富有经验的教师,其成为带教导师的前提是在教学方面已经具有较高的专业发展水平。然而,带教导师不仅是面向教学的教师,其更多侧重对新任教师的带教和指导,由此引出了带教导师在带教方面的专业发展问题。换言之,带教导师的专业发展可视为教师专业发展的第二阶段,即在教师个人达到较高专业发展水平后,为促进教师集体的专业发展而开启的新角色适应与指导能力提升。

在教师专业化过程中逐渐衍生出带教导师的专业发展问题,是对教师专业发展阶段的质性突破。从现实情况来看,在见习教师规范化培训中,选择带教导师通常都是具有丰富教育教学经验的老教师——具有一定的教龄及学历,并要在教学方面受到一致好评,即"教得好"。然而,面向学生的"教学"和面向新教

① Hoyle E E , Megarry J E. World Yearbook of Education 1980: Professional Development of Teachers[M]. London: Kogpan Pagem,1980:43.

② 叶澜,白益民等.教师角色与教师发展新探[M].北京:教育科学出版社,2001.

③ 朱新卓."教师专业发展"观批判[J].教育理论与实践,2002(08):32-36.

④ 胡惠闵.从实践的角度重新解读教师专业发展[J].上海教育科研,2004(08):14-16.

师的"带教"（或者说"指导"）是具有不同性质的两项工作。学者刘明霞在研究中就指出，教师"会教不一定会导"。① 带教工作作为一项与日常教育教学完全不同的专业活动，其发起者——带教导师也应具备自身的专业性。由此，引出带教导师作为教师和作为带教导师的双重专业发展问题。

（二）带教导师在不同发展水平和成长阶段的专业支持

联合国教科文组织在《教育——财富蕴藏其中》的报告中，明确提出终身教育的理念，终身教育思想确立了教师教育的新原则：连续性原则、一体化原则和可发展性原则。②

立足终身教育的理论视角审视教师教育，益于转变原本职前培养和在职教育相互割裂、各自为政的状况，进而形成职前培养、入职教育和在职教育一体化的教师教育体系，确保教师教育的连续性、一体化和可发展性；益于更新原本聚焦教育教学的专业发展阶段理论，进而形成共同关注教育教学、教育教学研究及指导的新局面，以及关注带教导师本身存在的个体差异性，针对不同发展阶段带教导师遇到的问题，提供个性化的专业支持，促使每个带教导师在带教过程中都能获得专业成长。

三、立足带教导师角色转变的实践诉求

从见习教师规范化培训的实践来看，由成熟型教师向带教导师转变并非一蹴而就。见习教师规范化培训对带教导师提出的高要求，以及实践中面临的种种现实问题和困境，都决定着带教导师的角色转变是一项艰巨的任务。

在见习教师规范化培训制度正式实施前，对新教师的带教工作一般都以"师徒制"的形式呈现。最早的师徒制通常带有阶级性，师傅是主导的、上位的，徒弟是从属的、下位的，徒弟被分配给师傅，并从师傅那里获取建议、接受帮助。近年来，随着强调平等性、合作性的学习共同体等教师教育观念的引入，传统的师徒制受到了教师教育研究者的广泛质疑与批判。尽管师徒制是促进新教师学习与成长的重要方式，但师傅的"脚手架"功能难以充分发挥、教师共同体的促

---

① 刘明霞，李森.国外新教师入职教育及其对我国的启示[J].教师教育研究,2008(03):77－80+71.

② 李华.初任教师入职教育研究[D].上海：上海师范大学,2008.

进作用受到限制、新教师进行创造的机会减少以及师傅促进新教师发展的动力不足等问题,都反映了"师徒制"在实践过程中的异化、窄化和僵化。[①]

为修正和弥补"师徒制"的弊端,保证见习教师规范化培训中带教工作这一核心环节的有效开展,培训从带教专业能力、带教内容、带教方式、带教时间等方面对带教导师提出了更高标准的带教要求。

（一）带教专业能力的新要求

从带教专业能力上看,"教得好"是传统师徒带教中遴选师傅的主要标准,甚至是唯一标准。然而在见习教师规范化培训的专业化要求下,带教导师不仅要具备教育教学方面的专业化能力和水平,同时需要具备带教方面的核心知识与指导技能,并能够持续发展。简而言之,带教导师不仅要知道"怎么教学生,以达成学习目标",还要知道"怎么带教见习教师,以达成培训目标",这需要带教导师具备较高的专业能力和专业实践水平。带教导师只有秉承终身学习的理念,坚持在实践中学习的方式,才有可能逐步提升个人的带教能力。

（二）带教内容的新要求

从带教内容上看,传统的师徒带教缺乏明确的带教内容,通常是在教育教学情境中,根据师徒的观察提出问题然后再解决问题。这种带教具有偶然性,内容呈现零散性,没有系统的带教计划和明确的带教内容,这种随意性往往导致带教结果受带教导师个人能力和水平的影响,参差不一。见习教师规范化培训与此有明显的差异,它对带教工作进行了整体架构,明确了带教导师的职责、任务以及带教工作的内容与安排。王少非指出,带教导师制度是新教师入职教育制度的核心,带教关系的质量直接影响着新教师入职教育的成效。[②] 只有将带教导师的选择、培养和持续发展进行制度化,才能保证带教导师真正承担起带教者的职责,为新教师的发展提供科学化和系统化的支持。

（三）带教方式的新要求

从带教方式看,见习教师规范化培训强调带教关系的平等性以及课程的开发。20世纪90年代中期,Dagenais 提出成功的带教项目的五个关键维度:项目

① 毛齐明,岳奎.“师徒制”教师学习:困境与出路[J].教育发展研究,2011,33(22):58-62.
② 王少非.新教师入职教育:国际经验及其启示[J].全球教育展望,2006,35(01):62-66.

范围、带教动机、带教导师培训、带教导师选择与匹配以及带教工作的评估与测量。① 随着对初始概念的建构,Hargreaves 和 Fullan 设想了后现代背景下指导工作的四方面改变:(1)更加平等的指导教师—被指导教师关系;(2)持续强调情感支持;(3)在学校责任、价值选择以及文化多样性更加广阔的共同体中加深联系;(4)教学专业人口的变化。② 类似对传统师徒制的批判,我国学者孟令坤指出,带教导师与见习教师两者缺乏平等的交流和合作,将给见习教师融入真实情境、加深角色理解以及坚定职业选择等方面带来障碍。③ 因此,见习教师规范化培训制度的确立,要求带教导师与见习教师确立平等的合作关系,实现从传统的知识单向传递向知识的共创共生转变。此外,带教活动向主题化、序列化、课程化转变,克服仅仅依靠一次培训解决问题的片面观念,从而系统地促进见习教师的专业发展。

(四) 带教时间的新要求

从带教时间上看,传统的师徒带教并没有明确规定带教时间,仅按师徒之间约定的时间进行传帮带。在见习教师规范化培训项目中,市级和区级从宏观、中观层面对带教年限和带教任务做了具体说明,学校从微观层面对每周的带教任务进行具体规划,这使每位带教导师可以清楚地知道在规定的时间内需要完成的带教任务。清晰规划带教时间,可以使见习教师的培训活动有章可循。

---

① Dagenais R J . Mentoring Program Standards. Mentoring[R]. Dan Galloway, MLRN Professional Articles Division, Adlai E. Stevenson High School, One Stevenson Drive, Lincolnshire, IL 60069, 1996.

② Hargreaves A , Fullan M. Mentoring in the New Millennium[J]. Theory into Practice, 2000, 39(01):50-56.

③ 孟令坤.实习教师专业发展的角色定位及其启示[J].教育与职业,2015(03):89-90.

第二节　带教导师的使命价值

为科学、规范地助力新教师成长,带教导师应努力做到不忘初心、牢记使命,按照区域见习教师规范化培训的要求,在师德修养、学科教学、班级管理、教学研究等方面,助力见习教师成长。

一、教学相长,互促共赢

见习教师规范化培训项目的宗旨在于帮助见习教师缩短成长期,尽快适应角色转变,成长为一名能站稳讲台完成教学任务和应对复杂问题情境的合格教师。为了达成这一目标,需要区校层面形成合力,搭建各种学习平台;也需要聘任学校和基地学校的带教导师形成合力,因人而异地展开指导。带教导师的自我提升和专业发展成了刻不容缓的事情,这离不开带教导师的个人努力,以及带教导师和见习教师的双向互动。为此,带教导师要建立教学相长、互促共赢的理念,在培训的实践中持续学习和改进。

（一）起点分析:培训主体的优劣分析与取长补短

认识自己和认识他人是极其复杂和漫长的过程,带教导师可以通过日常观察、交流等活动,或是通过专业分析框架,帮助自己和见习教师更好地认识彼此。从专业技能提升的角度出发,区域可以采用 SWOT 分析的方式,让见习教师和带教导师从师德修养、课堂教学、班级管理、教学研究等维度出发,重新审视自身的优缺点和成长环境,通过系统的自我分析,让自身更加明晰努力的方向,也让彼此互相学习。

从见习教师和带教导师的实际情况出发,才可以做到依托真实需求开展因人而异的个性培训,做到因材施教的特色培训,做到立足培训目标的有效培训,进而能在区域和学校的整体规划下,制定出能够适宜彼此现状、发挥彼此特长和促进共同发展的培训方案。实践中带教导师同时指导几位见习教师,在了解每个人具体情况的同时,可以引导见习教师之间互动学习。带教导师在自身薄弱的地方,除了可以自我探索总结和向见习教师学习外,亦可以寻求有经验的带教导师给予见习教师指导和帮助,积极建构富有互学互促氛围的学习型组织,实现带教导师间的协同带教、见习教师间的互动学习以及带教导师和见习教师的共同成长。

（二）过程实施:课堂教学全流程研讨与情感信心支撑

上海市提出了中小学(幼儿园)见习教师规范化培训的内容与要求,明确了职业感悟与师德修养、课堂经历与教学实践(活动设计与保教实践)、班级工作与育德体验(班级工作与主题活动)、教学研究与专业发展四大方面的 18 个要点。培训要求以经历 18 个要点的过程或完成这 18 个要点的有关任务为主,这为开展区级和校级见习教师培训提供了思路。

聚焦到学校的带教导师层面,其核心任务主要是从课堂出发,关心见习教师的课堂教学和教学研究。从学校实践领域来看,带教导师在带教过程中,主要从磨课、上课、听课和评课等环节指导见习教师上好一节课,学会创设一个适宜学习的情境,让每个学生从中有所收获。就学校层面来说,在教学研究方面的指导还有待提升。

带教导师从见习教师进入课堂后最先遇到的实际问题着手进行指导,在一定程度上让见习教师知道上课和上好课的基本要求,然后再去研究上好课的基本规律。在这样循序渐进的过程中,使见习教师的专业能力得到不断发展,拥有站稳课堂的自信。

（三）结果评估:见习教师与带教导师的共同成长

评价是发展的助推器,借助清晰明确的评价指标,可使带教导师明晰所指导的见习教师的现状以及距离目标达成存在的差距。评价带教导师的带教质效,可以采用区域统一的见习教师调研和学校带教导师深入访谈相结合的方法,了解见习教师在培训过程中的收获和遇到的问题,也了解带教导师在带教过程中的发展和反思,从而分析见习教师和带教导师的共同成长。

带教导师的评估不应采用一次性评价,而应以发展性评价为理念,将每一次评价作为下一环节改进的依据,也作为优化既定目标和实施方案的依据。同时,这个评估是对见习教师和带教导师进行双向评估,应通过互相印证的方式,让问题得以呈现,让方案更具针对性,让培训更富有效果。

二、辐射示范,促进成长

带教导师是一个团队,肩负着对区域所有见习教师展开培训的重任,带教导师团队的健康、有序发展尤为重要。在教师专业发展的路径中,最为常见的有自我发展、同伴互助和专家引领。目前带教导师的专业发展主要靠自我探索和自我经验总结,由于诸多现实原因,在同伴互助和专家引领方面还有待进一步加强。

（一）组建学习共同体,定期互动交流

学习共同体的创建,能够让成员拥有共同的目标、安心的环境、交流的意愿和智慧的共享。带教导师在日常教学环境下,具有主动向身边有经验的带教导师学习的意愿,从而获得解决问题的实践经验和解决方案,这在很大程度上缓解了带教导师自身的压力,起到了答疑解惑的作用,同时也能促进带教导师的成长。然而,带教导师这种自发的、主动的学习具有不稳定性,不利于带教导师的相互学习;且局限于一个学校同一学科的交流虽具有针对性,但不利于成功经验在更大范围内的借鉴和分享。

基于此,区域和学校层面需要针对具体学科组建不同层面的学习共同体,针对见习教师规范化培训中出现的重点问题,进行固定性和阶段性的探讨,实现在学校内和区域内的带教分享,从而发挥不同学科带教导师团队的引领作用。

（二）倡导跨学科、跨学校进行问题交流和智慧共享

带教导师的带教虽然具有学科特性,但也有很多共同之处。带教导师走进不同学科的课堂进行观摩学习和教学研讨,对具体带教过程中遇到的问题进行案例分析和策略分享,可以给不同学科的带教导师提供思考问题的新视角和解决问题的新路径。由此,每位带教导师本身就成为促进其他带教导师成长的宝藏,立足一个学校不同学科或是不同学校（校区）不同学科的带教导师之间的互动交流,就是共同打开宝藏的过程。这样的交流互动让每个个体都成为发光体,使带教导师的群体素质不断提高。

为了更好地发挥带教导师团体的作用,实现共同发展,应为带教导师提供交流互动的机会。这需要学校和区域共同着手提供机会和搭建平台,比如形成基地学校和聘任学校的双向互动交流机制、制定基地学校间的经验分享制度,以及搭建全区优秀带教导师的展示平台、建立区域带教导师研讨学习的机制,让每一位带教导师都能从活动参与中有所收获。

第三节　带教导师的角色困境

带教导师角色的转换已经成为上海市见习教师规范化培训制度的核心问题,虽然经过几年的探索与实践取得了一定成效,但带教导师角色的转变仍然面临着亟待解决的现实困境,影响着带教导师的专业发展和带教质量。

一、角色定位

明晰了带教导师的工作任务后,需要澄清带教导师的角色。审视新时代背景下的带教导师角色,离不开对时代背景的分析,更离不开对带教导师使命价值的思考。2012 年,上海市建立了全新的见习教师规范化培训体系和制度,一改见习教师入职培训主要由所在聘任学校自主决定和实施的传统做法,并于 2016 年对上海市中小学(幼儿园)见习教师规范化培训的内容和要求做出了新的规定。政策的出台意味着培训目标、内容、方式和评价的明确,也意味着培训主体的角色会发生相应改变。

以 2012 年作为分水岭,带教导师的身份和角色发生了变化。2012 年以前,带教导师由聘任学校确定,带教导师的选拔、任职条件、带教人数、带教年限、带教任务和带教效果等都缺乏清晰、统一的界定。这些通常由学校根据自身实际情况而定,如同老带新的传帮带和师徒制,老教师和师傅具有绝对的话语权,新教师和徒弟多是处于服从和接受的地位。2012 年后,区域层面制定了相应制度并颁布了政策文本,对带教导师的带教资格、带教人数等加以规定,并区分了学科带教和班主任带教,明确了基地学校和聘任学校带教导师的带教任务,还界定了带教导师和见习教师彼此的身份——带教者与见习者,两者是互相平等的关系,践行教学相长和共同成长的理念。

(一) 澄清带教导师的角色

每个带教导师,首先是基地学校或聘任学校的教师,应遵循学校的整体发展目标和规划,承担实现学校总体目标和学科发展的具体目标;其次是某个班级、某个年级的教师,要考虑具体年级和具体学科的实际情况,承担具体的学科教学和班级管理;然后是某个见习教师的带教导师,要按照市、区、校三级见习教师规范化培训的要求,承担见习教师的学科带教和班主任带教工作,并根据要求完成带教任务。

从中可以发现,带教导师具有多重角色,最为明显的是作为学科教师的教学者和带教见习教师的培训者,这两个角色需要具备不同的专业能力,在新时代背景下也被赋予了新的内涵。虽然针对不同的教育主体,但两者具有其内在规律,也具有一定联系,比如倡导教学相长和对话互动的理念、践行以学定教和因材施教的方法、开展以评价促发展的持续优化。

(二) 适应带教导师的角色

带教导师在面对不同角色时,难免会面临角色适应所带来的挑战,而且初次带教的导师和多次带教的导师面对的挑战也呈现出差异。初次带教的导师只知道要完成的带教任务,但究竟如何引导见习教师,使其尽快适应教育教学工作,内心深处并没有明确的方案,也未形成自己的带教风格,还需要在实践中逐步摸索,不断实践。多次带教的导师不但非常清楚带教任务的要求,会根据要求选择合适的带教方法,还会思考选择的原因,更会思考如何在既定任务的基础上促使带教工作更具科学性和合理性。带教导师了解自身的使命后,更重要的是秉承专业学习的态度,不断在理论学习和实践探索中,在同伴互助和师生互动中,探索出一条适合个人带教的专业发展路径,并根据自身的现实情况制定个人发展规划和预期实现的目标,阶段性地评估自身的发展情况,实现个体在具体角色中的成长和发展。

只有带教导师明晰个人价值、使命和自身角色定位,并在既定目标达成和任务完成的旅程中,润物细无声地实现角色的转变,逐步完成角色的要求,才有可能使个人专业发展迈向新的高度,也使带教活动和教学活动更加充满活力、充满智慧。

二、角色冲突

Feiman-Nemser 通过深入关注学校系统中某位带教导师的影响,来描述对指导项目质量的影响因素,其中带教导师对其自身的角色定义是最重要的影响因素,由此 Feiman-Nemser 提出"教育性指导"(educative mentoring)。① 这就意味

① Feiman-Nemser, S. Helping Novices Learn to Teach: Lessons from an Exemplary Support Teacher[J]. Journal of Teacher Education, 2001, 52(01):17-30.

着,带教导师在教学指导工作中的角色首先不同于一般教师的教育教学工作,它不仅要求带教导师能够较好地胜任教育教学工作,同时也对其指导见习教师更好地胜任教育教学工作的能力提出明确要求。其次带教导师在教学指导工作中的角色不同于传统师徒制下师傅单向开展传帮带的主导者和权威者角色。从当下见习教师规范化培训的实践层面看,带教导师在角色转变过程中往往会遇到一系列现实问题,归根结底是对带教导师的角色认识不够清晰、不够深入。

(一) 潜移默化地进行经验灌输,弱化了见习教师培训的效果

1. 经验丰富的带教导师过度依赖实践经验,缺乏实践反思

我国学者孙曼丽在研究中指出,带教导师在指导新教师时往往因为科学引领和专业规范的缺失,容易凭经验办事,鲜有理性的反思。[①] 为了规避这一现状,上海市教委制定了《上海市中小学(幼儿园)见习教师规范化培训的指导意见(试行)》,指导各区立足实际情况,形成区域培训实施意见和实施方案,扎实推进见习教师规范化培训工作。以浦东新区为例,区域对见习教师规范化培训的任务、形式、评价,以及聘任学校和培训学校、学科带教导师和班主任带教导师的职责等做了明确且详细的规定,从制度上保证了培训的规范性;同时,在见习教师规范化培训手册中,通过四大板块 18 个要点全面涵盖一名合格的见习教师应达到的能力要求,从内容上确保培训的规范性。

虽然大部分带教导师能及时更新带教观念,契合见习教师规范化培训的要求,但仍有部分带教导师由于受原来师徒带教的影响,传统观念影响着自身的带教行为,有意无意地沿用传统师徒带教的方式,将见习教师视为被动的学习者,向他们源源不断、不加甄别地传授自身的教学经验,期望"徒弟"复制自身的实践。这显然与当下见习教师规范化培训提倡的教学相长和共同成长的理念相违背,既不利于培训质量的持续提高,也不利于见习教师专业能力的提升。

教师入职培训中的结构化要素会对新任教师产生重要影响,其中包括经设计的专业发展活动。[②] 其暗含的假设为,带教工作是一项专业性活动,需要经过

---

① 孙曼丽,洪明.美国新教师入职指导教师培训方案的改革探析——以"新教师中心"指导教师培训方案为例[J].外国教育研究,2015,42(05):90-99.

② Moir, E., & Gless, J. Quality induction: an investment in teachers[J]. Teacher Education Quarterly, 2001, 28(01):109-114.

合理设计和有效安排。带教导师作为带教工作的重要参与方之一,需要具备与带教工作相关的专业知识与能力,从而更好地适应带教工作的要求,更有效地促进见习教师的专业成长。

2. 经验不足的带教导师带教方式不规范,缺乏专业引领

带教导师队伍与其他师资队伍一样,也在不断进行更新与迭代,其中既有成熟型带教导师,也有新手型带教导师。初任导师因缺乏带教经验,与缺乏教学经验的见习教师一样面临着角色、身份、职责以及专业发展的重要转变。Marion 和 Katherine 基于舒尔曼的教师知识模型,提出带教导师的知识模型:教师知识社会化和文化、成人学习理论、学科专业和发展、更广泛的政治背景。[①] 研究同时也指出,带教导师的知识来源于多个方面:入职培训、实践与经验、同伴合作、指导教师培训/发展、持续职业发展/教师在职培训、理论/研究以及网络。然而研究发现,大多数带教导师倾向认为,自身专业教学实践和经验是教学指导知识的主要来源,并且带教导师对制订计划、教学、课堂管理以及课程方面的指导更具自信。这表明,带教导师通常基于"技术"取向和"工艺"取向,采用复制(replication)和使用(application)的策略运作自身的知识,[②]而非基于理论视角的反思性实践。因而,当询问带教导师做出某种决定背后的依据时,他们往往会提到个人经验(personal experience)和直觉(intuition)。

我国学者陈霞等指出,带教导师不仅要向见习教师传授经验,更要以"经验"为中介,使理论与实践有机结合,促进见习教师的成长。[③] 仅仅凭借自身教学经验的带教工作往往带有极大的随意性,并且具有鲜明的个性化色彩,难以保证培训的质量以及见习教师和带教导师双方的专业化发展。

(二) 带教导师任务驱动意识较强,缺乏共同发展的理念

除了自身专业性不足外,大部分带教导师还面临局限于任务驱动的现实困

① Jones M , Straker K . What informs Mentors' Practice when Working with Trainees and Newly Qualified Teachers? An Investigation into Mentors' Professional Knowledge Base[J]. Journal of Education for Teaching, 2006, 32(02):165 – 184.

② Kovrig B , Buchler J. The Concept of Method[J]. American Journal of Sociology, 1961, 23 (02):162.

③ 陈霞,丁莉.德国见习教师指导者的遴选及其工作框架——与巴伐利亚州见习教育阶段研修班导师穆尔多夫的对话[J].全球教育展望,2016,45(04):3 – 9.

境。从见习教师规范化培训制度实施的初衷看,意在通过培训基地的培训和带教导师的带教,实现见习教师专业能力的快速提升,推动带教导师的专业发展,从而以点到面,撬动整个区域教师的专业成长与发展。

然而,从现实来看,大多数带教导师在自身教育教学工作带来的沉重负担下,还担负着指导见习教师的带教工作,在原本超负荷的工作下再叠加安排,使得带教导师难以有时间和精力对带教工作进行全面、深入的思考和反思,他们只能浅显地、经验性地完成对见习教师的带教任务。如此,带教工作便成为带教导师自身工作外的额外任务,带教导师往往为完成任务而进行指导。另外,在理念上带教导师也尚未将带教视为促进双方专业共同发展的互惠共赢项目,由此便引发了带教方式和方法的偏差,甚至疲于应付。

（三） 规定的带教内容和要求与实际带教过程中的个性化有冲突

带教制度规定所有见习教师分阶段完成见习规培手册中的培训内容,包括职业感悟与师德修养、课堂经历与教学实践(活动设计与保教实践)、班级工作与育德体验(班级工作与主题活动)、教学研究与专业发展四大板块,共 18 个要点。带教标准统一,执行过程中缺乏个性化和差异化设计,给见习教师和带教导师带来一定的困难。例如,从学科差异性来看,对于语文或数学学科教师,让其“编一次单元考试试卷,实测后做质量分析,针对有问题的学生能采取相应补救措施;在导师指导下完成一次期中或期末考试的班级质量分析,并提出教学对策”具有明显的必要性和实际意义,但是这样的要求对美术或艺术学科教师而言,与学科的教学要求存在差异,导致部分见习教师不得不靠“想象”和“编造”完成手册,同样也引起带教导师对带教工作的困惑。统一的标准体现了培训的规范化,保证了带教的质量,但也会导致针对性不足。这是带教导师在实际工作中面临的又一个重大问题。

（四） 带教导师面临多重角色转换的内在冲突

带教工作要求带教导师按照一定的步骤,有目的、有计划、有内容、有系统地对见习教师进行教育教学上的指导,帮助他们渡过难关,顺利从新手阶段进入胜任阶段。这就意味着,带教导师既是专业发展的引导者,又是支持性的专业同伴,同时也是帮助者、救援者、咨询者、合作者、促进者、训练者。[①] 这在某种程度

---

① 任学印,孙启林.教学指导:促进初任教师专业发展的有效途径[J].外国教育研究,2004
  (08):56－59.

上给带教导师提出了新的课题。例如,参与过师徒带教的导师,既要从观念上转变,更要从行动上革新,这意味着导师要适应先后经验的冲突并积极改变;对于前期没有参与过带教的导师,既要继续完成日常教学者的工作,又要适应新的培训者的身份,意味着导师要适应从教学者向培训者的变化并积极应对。

关注带教导师在角色转换中面临的冲突,了解不同背景的带教导师所面临的具体问题,或者让其意识到这并不是个体遇到的问题,而是群体都在面临的问题,继而有针对性地引导带教导师走出困境。这些问题的思考势必会为解决问题带来全新的思路,也会让带教导师以更快的速度胜任这个角色,以期在实现自身发展的同时,完成既定的带教任务,促进见习教师的专业发展。

第二章

带教导师的实践应对

在见习教师规范化培训中,带教导师的专业发展水平直接关系到规培质量。因此带教导师应有使命感和责任感,有责任和义务不断学习新的教育理念,完善知识结构,提高教学水平,成为见习教师发展的引领者和支持者。

第一节　带教导师的能力要求

教师是人类灵魂的工程师,教师必须努力提高自己的思想政治素质和业务能力,热爱教育事业,教书育人,为人师表;精心组织教学,积极参加教学改革,不断提高教学质量。带教导师因为拥有双重身份,对其素养的要求也更高。

一、带教导师应具备的知识与素养

新教师入职教育一直是世界各国普遍关注的重点话题,随着研究和实践的深入推进,带教指导作为新教师入职教育的核心环节引起了国际国内研究者的广泛关注。带教指导,又称教学指导,英文为 mentoring,通常指由有经验的教师通过精心设计的活动或日常互动,支持和帮助新任教师。[1] 安德森等人将教学指导界定为"一个培养过程",在这一过程中,一个有更多技能或经验的人作为教师、援助者、鼓励者、咨询者和朋友,为缺乏技能或经验的人提供服务,目的在于促进后者的专业和(或)个人发展。[2] 由此可见,带教导师在带教过程中所承担的职责与其在教学过程中所承担的责任之间,既有密切的联系,又存在本质上的差别。

检索国内外有关带教导师应具备的知识与素养的文献后,发现成为一名合格的带教导师应具备教育教学知识与技能、教师发展知识、组织与指导能力等(见表 2-1)。

表 2-1　带教导师应具备的知识与素养

研究者	带教导师应具备的知识与素养
Marion,Katherine	一定社会、文化和专业背景下的教师知识;成人学习理论;专业训练和发展;更广阔的政治背景

---

[1] 王少非.新教师入职教育:国际经验及其启示[J].全球教育展望,2006,35(01):62-66.

[2] 任学印,孙启林.教学指导:促进初任教师专业发展的有效途径[J].外国教育研究,2004(08):56-59.

（续表）

研究者	带教导师应具备的知识与素养
Tang, Choi	教学指导的概念和理论基础；见习教师需要的支持；课堂分析的技能；学校的教学指导结构与文化
Odell	教师发展；初任教师需求和关注；有效教师；指导；入职；成人专业发展
Gordon	有效的班级管理；有效的教学知识基础；有效的学校研究；学习方式理论和教学模式；成人学习和发展理论；观察方法和诊断技能；组织讨论会的技能
Bowers, Eberhart	对有效教师和教学的明确界定
张强	学科知识与技能；教育学、心理学等基本理论知识；有关学生的知识；教学管理与教学机智；教育科研

基于舒尔曼的教师知识模型，Marion 和 Katherine 提出指导教师的知识模型：一定社会、文化和专业背景下的教师知识；成人学习理论；专业训练和发展；更广阔的政治背景（见图 2-1）。[①]

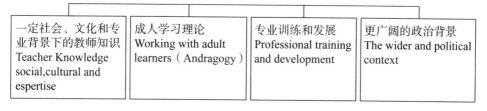

图 2-1 指导教师知识模型图

由此看出，教学指导具有其特定于教学之外的专业性，包括专业指导的品德、专业指导的知识以及专业指导的能力。一名合格的带教导师必然源于优秀的经验型教师，但并非所有的经验型教师都能胜任带教导师的专业工作。因此，必须通过建构科学、合理的标准对带教导师进行筛选和培训，以保证带教导师对

① Marion Jones, Katherine Straker. What informs mentors' practice when working with trainees and newly qualified teachers? An investigation into mentors' professional knowledge base[J]. Journal of Education for Teaching, 2006, 32(02):165-184.

带教工作的了解和理解,进而保障见习教师规范化培训工作的顺利开展。

二、制度层面对带教导师的能力要求

上海市中小学(幼儿园)见习教师规范化培训制度于 2012 年建立,同期上海市教委制定并颁布《上海市中小学(幼儿园)见习教师规范化培训的指导意见(试行)》(以下简称《意见》),从政策上对见习教师的培训内容以及带教导师的带教职责等进行了清晰的界定。《意见》指出:"见习教师规范化培训应在区县教师进修院校的指导下,由基地学校和聘任学校共同承担,见习教师需在一年的时间内完成包括职业感悟与师德修养、课堂经历与教学实践、班级工作与育德体验、教学研究与专业发展等方面的规范化培训内容。"这意味着,要想扎实推进见习教师规范化培训工作,基地学校和聘任学校层面需要率先打造一支师德水平高、专业素养高、业务能力强的带教导师队伍,由此确保见习教师在培训过程中能够掌握各项工作的基本程序和行为规范,培训后能够独立胜任各项教育教学工作。

三、实践层面对带教导师进一步细化的能力要求

基于上述政策的要求和理论上的诉求,为了更有效地落实见习教师规范化培训,更规范地选拔适合的带教导师人选,各区域在市级见习教师规范化培训文件精神的指引下,对带教导师所应具备的素养做了进一步细化。

(一) 市、区层面:"八项要求"

带教导师是见习教师职初生涯中的榜样与标杆,是见习教师的指导者和支持者,在见习教师的成长道路上扮演着重要的角色。因此,成为一名带教导师的要求是多方面的。根据市、区见习教师规范化培训的相关要求,带教导师的遴选条件高,程序严格,必须符合八项要求:(1)热爱教育,爱岗敬业;(2)师德风范好,为人师表;(3)教育理念先进;(4)理论知识扎实;(5)教育经验丰富;(6)教学能力强;(7)教育科研经历丰富;(8)达到一定的职称(见表 2 - 2)。

由此可见,带教导师应具备优良的师德与素养、扎实的教育教学知识与技能,能够跟随现代知识的发展,动态更新教育理念,积极参加教育科研,并达到一定的职称水平。

表 2-2 市、区层面对带教导师的基本要求

热爱教育，爱岗敬业	教育事业呼唤真正热爱教育的人投身其中，更需要能激发教师激情的领路人。带教导师首先应是一名热爱教育、爱岗敬业的老师，这样才能呼唤起见习教师内心的神圣感和匠人情怀。 　　学员教育教学技术的提升是外在的，内心对教育事业的认同与热爱才是他们不断成长的动力。热爱教育、爱岗敬业的带教导师，本身就散发着感染力，用自己的行动践行着教育理想，学员在与导师接触的每一个瞬间，都被导师潜移默化地感染，这样才能从内心深处对教育事业产生共鸣。
师德风范好，为人师表	师德是教师在从事教育劳动的过程中需要遵循的行为准则和必备的道德品质，教师的职业道德对学校教育质量和学生终身成长有着举足轻重的作用。事实上，教师的师德规范作为约束与规范教师职业行为的道德准则，是每位教师应当习得的基本规范。高尚的师德师风也是教师事业成功与赢得学生尊重和认同的前提。 　　见习教师的带教导师必然是教师群体中的"德艺双馨"者，师德与师才俱佳。爱护学生、为人师表的带教导师，无形中会用自己的态度和行为影响见习教师，帮助见习教师形成正确的师生观、教育观，为他们成长为一名德才兼备的教师提供良好的基础。
教育理念先进	教育是一项面向未来的事业，是一种由教师组织和引导的活动。在教育活动中，教师持有的教育理念，不仅关系着教师的教育行为，还间接影响着未来教育的性质与状态。根据时代发展和环境的变化，教育所承担的责任也随之改变，教师的教育理念也要相应进行更新。转变教育理念，是改变落后教育行为的基础，是培养面向未来的学生的必要条件。 　　带教导师首要是一名"终身学习者"，不断更新自身的教育理念，及时把握与本学科相关的现代科学知识的发展动态，及时转变教学方式，使之适应时代的需求。见习教师作为可塑性很强的新教师，需要带教导师为他们提供先进的教育理念，引导他们将其同化为自身的教育哲学，从而引领自身的教育实践。
理论知识扎实	教师的学识魅力首先体现在教师拥有的专深的理论知识和广博的文化知识。带教导师应掌握所教学科扎实、系统的基础理论知识和学科体系，精通自己的学科，熟悉所教教材的基本内容，具有完整的知识体系。同时，带教导师还应掌握教育学、心理学、脑科学等领域的一些关键知识，为自己的教育教学行为提供指导。 　　见习教师走上工作岗位的第一年，需要加强业务学习，站稳讲台，带教导师丰富扎实的理论知识可以帮助见习教师快速建立自己的知识体系，找准见习教师教学中的知识漏洞，及时提醒见习教师纠正知识误区，帮助见习教师把握重点和难点，为见习教师胜任教学工作打下坚实的基础。

教育经验丰富	教育经验丰富意味着带教导师具有丰富的实践性知识。教师在具体的教育情境中积累的丰富经验以及对教育教学经验的深刻反思，都是十分珍贵的财富。丰富的教育经历能够帮助教师运用知识和经验有效地、创造性地解决各种教学问题，在行动中做教育，在行动中做研究。 　　同时，教育经验也是刚踏入工作岗位的见习教师们最为缺乏的，这就需要带教导师将其优秀的教育经验传递给见习教师，指导他们完成备课、上课、班级管理等工作。用自己的经验解决见习教师在工作中遇到的困惑和挑战，为见习教师的快速成长助力。
教学能力强	教学能力是教师的基本功，是教师能力素质的集中体现，也是教师专业化中最具有代表性和说服力的能力。教师的教学认知能力、教学操作能力和教学监控能力都是教学能力的体现。教师对教材、学生知识水平和心理能力发展水平的理解，传授知识过程中教学策略的选择，对教学活动的自我调节以及对教学策略等的自我评价能力，都对学生的学习效果产生着巨大的影响。 　　见习教师在带教导师的带领下，学习、模仿带教导师的教学方式和方法，学习带教导师多样化的教学手段，学会对教学效果进行评价，在导师的指导下快速提升教学能力，达到比较好的教学效果。
教育科研经历丰富	教学研究主要指学校的教学工作研究，多以课堂学科教学为中心，围绕教学计划、课程标准、教材、教法等内容展开。科研是将教育实践进行总结、反思、超越和升华的过程，是教师专业化发展的一部分。通过研究，可以实现知识扩展或解决问题的目的，对教师的个人提升和教育事业的发展都有很大的价值。 　　大部分见习教师刚走出校园走上教师岗位，具备一定的科研意识与科研能力，能够发现问题、探索问题、解决问题，在这一过程中，带教导师应对其进行相应的指导，帮助、指导见习教师对发现的问题进行分析和总结，提供解决问题的方法和材料，并指导他们撰写科研论文或报告，鼓励他们不断创新。见习教师只有具备科研意识、增强科研能力，在未来的职业发展道路上才能不断超越自我，成为一名"创造型教师"和"科研型教师"。
达到一定的职称	带教导师除应具备上述具体要求之外，职称应符合一定要求，这是保障带教导师资格的必要条件。 　　带教导师原则上应是校级及以上骨干教师，中级及以上职称，负责班级管理工作带教的导师必须是现任班主任。

（二）学校层面:聘任学校"五项标准"和基地学校"四点要求"

见习教师分别在聘任学校和基地学校接受不同方面的规范化培训,因此对聘任学校和基地学校带教导师的要求也不同。其遴选的标准存在相通之处,但又各有侧重,共同保障了带教工作的规范性、持续性和实效性。

聘任学校对带教导师提出"五项标准",基地学校对带教导师提出"四点要求"(见表2-3)。其中,师德素养与业务能力是聘任学校和基地学校共同要求的重要标准。此外,从差异上看,聘任学校更加注重带教导师的内在素养,如要求带教导师具备系统的理论知识和丰富的带教经验,能自觉更新教育教学理念,把握本学科相关的前沿知识等,带教导师的个人内在素养保障了指导的实效性。基地学校则更加侧重带教的方式方法,并做出明确要求,如见习教师需要与两位带教导师签订正式的带教协议,带教采取导师负责制等,这为基地校带教导师在带教的规范性和持续性上提供了根本保障。

表2-3 聘任学校和基地学校对带教导师遴选的标准

聘任学校带教导师的遴选标准	基地学校带教导师的遴选标准
1. 热爱教育,爱岗敬业,认真履行教师职责,师德风范好,为人师表,爱护学生。 2. 教育理念先进,对所教学科具有扎实的、系统的基础理论知识和丰富的教育教学经验;能自觉更新教育教学理念,及时把握与本学科相关的现代科学知识的发展动态。 3. 教育教学能力强、方法活,手段现代化、多样化,教育教学效果好。 4. 能积极参加各级各类学术活动,积极参加教育科研,能在教育教学方面起到示范作用。 5. 原则上是校级及以上骨干教师、中级及以上职称。负责班级管理工作带教的导师必须是现任班主任。	1. 师德高尚、业务精湛、敬业爱生的优秀教师。 2. 每位见习教师须与两位带教导师签订正式的带教协议,其中,学科导师应为骨干教师,班主任导师应为经验丰富的现任班主任。学科导师与班主任导师也可以由同一人兼任。 3. 为了提高指导实效,一位带教导师带教见习教师不宜超过四名。 4. 带教过程采取导师负责制,并发挥教研组团队的集体指导作用。

第二节　导师带教的内容框架

阐述带教导师的角色,明确其时代使命后,应使带教导师了解带教的内容,这是导师们完成带教任务的核心。

一、基于规培需求,精准定位带教的内容与目标

了解基本要求之后,带教导师需要了解市、区两个层面的带教内容和标准,并形成基本认识。《上海市幼儿园见习教师规范化培训内容与要求》《上海市中小学见习教师规范化培训内容与要求》等文件对带教导师的职责做出了明确说明(见表2-4和表2-5)。两份文件指出,上海市中小学(幼儿园)见习教师规范化培训包括职业感悟与师德修养、课堂经历与教学实践(活动设计与保教实践)、班级工作与育德体验(班级工作与主题活动)、教学研究与专业发展四大方面的18个要点。这意味着带教导师需要立足四个方面,全面关注见习教师的职初成长,助推见习教师更好地进行角色调整,逐步胜任学校的各项教育教学工作。

表2-4　上海市幼儿园见习教师规范化培训内容与要求(征求意见稿)

上海市幼儿园见习教师规范化培训内容主要包括职业感悟与师德修养、活动设计与保教实践、班级工作与主题活动、教学研究与专业发展四大方面的18个要点。培训要求以经历这18个要点的过程或完成这18个要点的有关任务为主,把过程记录或结果填写在见习培训手册上,作为培训考核和注册的依据。各培训基地可以根据这18个要点设计对应的培训课程、途径、方法与过程,通过培训让新教师获得相应的感知、体验和感悟,最终能胜任新的岗位工作。具体培训内容与要求如下:

一、职业感悟与师德修养

1. 制定参加见习教师规范化培训的个人规划和参培计划书。

2. 读一本教师职业生涯或师德修养方面的书,写一份读书心得。

3. 完成不少于10篇见习期教师职业生涯体验随笔,包括对实习幼儿园的规章制度、校园文化、备课方式、活动设计、保教实践、师生关系、育儿体会、教师礼仪、学生群体、学校特色

（续表）

等方面的一事一议或一得。

4. 完成包括对教师职业感悟在内的见习教师规范化培训总结。

二、活动设计与保教实践

5. 在导师指导下通读《上海市学前教育课程指南》,在教研组内做一次相关的课程解读报告。

6.《幼儿园教师参考用书》解读(在教研组内做一次有关"生活、运动、游戏、学习"内容的解读报告)。

7. 主题活动设计与教案编写(根据所带班组幼儿的生活和活动经验,完成一项主题活动设计与教案编写,在教研组说课)。

8. 在导师指导下正确熟练掌握教育教学基本功,包括学校常用文体(主题活动设计、教案编写、学生评语等)的撰写、学科有关教学具的使用、学科基本技能(幼儿教师的舞蹈、乐器)的操练等。

9. 观摩小、中、大班共10次半日活动,写出观摩活动报告。在此基础上,由导师、基地团队、双方幼儿园有关人员分别把关,通过三次正式试教。

10. 有目的、有针对性地观摩,对某一类活动中一个幼儿做连续观察并对幼儿的发展现状做初步分析;点评3次其他教师的保教活动(生活运动、游戏、学习)。

11. 记载来园接待、生活、保教活动、游戏、户外运动、离园活动实例的设计。

12. 编写周计划和日计划并说出理由,同时做好保教工作质量分析。

三、班级工作与主题活动

13. 对幼儿生活养成行为做一次调研分析(由指导教师点评)。

14. 就某个问题做一次家访(家长点评)。

15. 策划并组织一次家园共育主题活动。

四、教学研究与专业发展

16. 精读一本导师推荐的专业书,写出读书笔记,并能自学有关书籍。

17. 在导师指导下策划并主持一次幼儿活动设计的讨论。

18. 能在导师指导下,制订一份三年的个人专业发展计划。

以上四大方面18个要点既是见习教师规范化培训期间应该完成的培训内容与任务,也是培训成效的考核点,每一点都代表了新教师专业技能某一方面的培训要求。

表2-5 上海市中小学见习教师规范化培训内容与要求(征求意见稿)

上海市中小学见习教师规范化培训的内容主要包括职业感悟与师德修养、课堂经历与教学实践、班级工作与育德体验、教学研究与专业发展四大方面的18个要点。培训要求以经历这18个要点的过程或完成这18个要点的有关任务为主,把过程记录或结果填写在见习培训手册上,作为培训考核和注册的依据,各培训基地可以根据这18个要点设计对应的培训课程的途径、方法与过程,通过培训让新教师获得相应的感知、体验和感悟,最终能胜任新的岗位工作。具体培训内容与要求如下:

一、职业感悟与师德修养

1. 对参加见习教师规范化培训做出个人规划,写一份个人的参培计划书。

2. 读一本教师职业生涯或师德修养方面的书,写一份读书心得。

3. 完成不少于10篇见习期教师职业生涯体验随笔,包括对实习学校的规章制度、校园文化、备课方式、课堂教学、教研风气、师生关系、学生辅导、教师礼仪、学生群体、学校特色等方面的一事一议一得。

4. 完成包括对教师职业感悟在内的见习教师规范化培训总结。

二、课堂经历与教学实践

5. 在导师指导下通读所教学科课程标准,在教研组内做一次"课标"解读专题发言。

6. 在通读所教班级教材的基础上,能对指定单元进行教材分析与教案设计。完成一个单元的教材分析与教案编写,在教研组内说课。

7. 结合自己的兴趣爱好与个性特长,完成一门拓展型选修课的构思与教学大纲,试教一节选修课。

8. 在导师指导下正确、熟练地掌握教育教学基本功,包括学校常用文体(备课、板书、学生作业批阅、学生评语等)的撰写、学科有关教学具的使用和学科基本技能的操练等。

9. 有目的、有针对性地对照录像进行5次自我观课评课,写出自我评课报告;在此基础上由导师、基地团队、双方学校有关人员分别把关通过三次正式试教。

10. 除平时随班观课外,有目的、有针对性地观摩10节课,写出观课报告。有目的、有针对性地点评3节其他教师的课,写出评课报告。

11. 结合跟班教学,编一个单元的学生作业,并写出理由。

12. 编一次单元考试试卷,实测后进行质量分析;针对有问题的学生能采取相应补救措施。在导师指导下完成一次期中或期末考试班级质量分析,并提出教学对策。

三、班级工作与育德体验

13. 就某个主题召开一次班干部会议、一次学生座谈会,就某位学生的某个问题做一次

（续表）

家访（效果分别由班干部、学生和家长进行评价）。

14. 在导师指导下策划并主持一次主题班会、一次班级社会实践活动（效果由导师和学生分别进行评价）。

15. 在导师指导下写一份班级情况分析和两位学生个案分析；会写学生学期综合评价评语。

四、教学研究与专业发展

16. 精读一本导师推荐的专业书，写出读书笔记，并能自学有关书籍。

17. 积极参与教研组活动，主动承担有关任务；在导师指导下策划并主持一次备课组活动。

18. 能在导师的指导下，制订一份三年的个人专业发展计划。

以上四大方面 18 个要点既是见习教师规范化培训期间应该完成的培训内容与任务，也是培训成效的考核点，每一点都代表了新教师专业技能某一方面的培训要求。

二、基于实践过程，合理细化带教的任务与职责

带教导师承担着见习教师的指导者和帮助者的角色，为见习教师带来全方位的、深刻的影响。清晰明确的带教内容和目标为带教导师的带教工作提供了正确的方向指引，但这并不能有效保证带教工作在实践中持续而有效地开展。因此，还应基于实践的过程，对导师带教的任务与职责进行具体、合理的安排和规定，从而保证带教工作有条不紊地持续进行，确保见习规培在实践中取得预期成效。

具体而言，见习教师在基地学校和聘任学校均须参与培训并分别配备带教导师。由于基地学校和聘任学校的任务与条件有所不同，对带教导师的要求也不尽相同。以上海市浦东新区为例，《浦东新区见习教师规范化培训聘任学校工作要求》和《浦东新区见习教师规范化培训基地学校工作要求》中对带教导师职责进行了明确的规定（见表2－6），从精准制订带教计划到以身示范践行带教活动，再从诊断指导提升带教成果到最后考核总结反思并完善带教工作，实现了带教过程规范化、有序化、科学化地良性发展。

表2-6　浦东新区见习教师规范化培训聘任学校与基地学校工作要求中对带教导师职责的说明

《浦东新区见习教师规范化培训聘任学校工作要求》中对带教导师职责的说明	《浦东新区见习教师规范化培训基地学校工作要求》中对带教导师职责的说明
1.熟悉《上海市见习教师规范化培训内容与要求》，全面关注见习教师的成长。 2.主动向见习教师介绍学校的发展历史、办学特色与校园文化，让见习教师认识学校、接受学校、认同学校。 3.以身作则，以自己良好的师德修养与礼仪规范潜移默化地影响见习教师，让他们养成良好的行为习惯。 4.悉心训练见习教师的学科教学基本功，帮助他们形成良好的教学习惯。 5.及时查阅见习教师填写的《上海市中小学（幼儿园）见习教师规范化培训手册》中的各项内容，认真做出相关评价。 6.将带教情况及时记录到《带教导师资料袋》中，带教结束后及时完成带教总结。接受学校或上级组织对带教工作的指导与考核。	1.制订计划，记录活动。按照《浦东新区见习教师规范化培训实施意见》《上海市见习教师规范化培训内容与要求》及本校培训方案，制订带教计划。严格执行带教计划，如果有变动，需要提前三天报经学校领导小组同意，并由学校报见习教师培训部门备案。将每次活动及时记录进基地学校带教导师资料袋。 2.以身示范，专业引领。按照基地学校培训工作要点，以身作则，以良好的师德修养和礼仪规范影响见习教师，帮助见习教师养成良好的行为习惯；带领见习教师参加教研组、备课组活动，引导见习教师学习学科课程标准，指导见习教师观评课、备课、课后反思、作业批改、编制试卷、质量分析等；指导见习教师的试教和公开课，并认真观评课；帮助见习教师养成良好的教学习惯，关心见习教师的职业认同和心理状态。 3.查阅手册，细致诊断。及时查阅、督促见习教师填写《上海市中小学（幼儿园）见习教师规范化培训手册》，对见习教师的专业发展状况及时做出细致的诊断。 4.指导推优，参加比赛。指导见习教师参加学校组织的各种初赛，择优推荐参加教学设计、课堂教学考评等评比活动。 5.实施考核，总结经验。接受学校或上级部门对带教工作的督查与考核。带教结束前，指导见习教师参加学校组织的读书总结交流活动，对每名见习教师进行考核，并提交带教经验总结。

三、基于共赢原则,切实助推导师的成长与发展

带教导师在履行带教职责的同时,也享有相应的权利保障。从市、区级政策层面看,主要包括:根据承担的带教任务享受一定的超工作量津贴、有权对所带教的见习教师的行为进行指导与批评、有权对所带教的见习教师是否通过规范化培训提出评价意见、有权登记学分和获得奖励等。

从专业内涵来看,带教导师的带教工作不仅为见习教师的发展提供了强有力的支持,同时也极大地激发了带教导师自身的专业发展。在指导见习教师的过程中,带教导师不仅与见习教师进行积极互动,也与其他带教导师进行主动沟通,彼此在发现和解决问题的过程中,互相学习、反思和实践,从而实现多边共赢,逐步提高自身的教育教学水平和带教指导能力,这种内在价值和意义的实现与提升往往超越了外部奖励。

在带教指导过程中,带教导师一方面需要跳出先前的教学舒适圈,在与见习教师的互动中,对自己的教育教学工作进行反思与改进,更新自身教育教学的思想与观念、方法与策略等,实现教育工作的与时俱进;另一方面需要学习新的理论和方法,加强带教指导的专业性,例如学习成人学习理论、组织与管理理论,从而把握见习教师的心理和能力水平,运用有效的策略,顺利开展带教指导,实现从学科教师向带教导师的专业化角色转变。除此之外,在带教过程中,带教导师还应积极寻求其他不同层面的专业支持,例如与相关教师建立合作共同体、参加相关培训与工作坊,充分利用外界提供的丰富资源,促进自身带教水平的提高。

第三节　带教导师的行动指南

导师带教是使见习教师尽快进入工作状态,快速领悟教育工作技巧的途径。为此,导师的带教既要符合要求,也应遵循一定的工作程序。

一、带教导师的申请:明确目标,平等自愿

带教指导作为教育教学的额外工作,教师在明确带教目标的同时,还应具有极大的参与热情和较强的参与意愿。教师应阅读见习教师规范化培训的相关文件,了解带教的目的、任务、职责与权利后,根据自身的实际情况,填写带教导师申请表,并向学校相关部门正式提出申请。带教导师的申请应严格按照公平、自愿、平等的原则,遴选出合适的导师人选担任见习教师的带教指导工作。

二、带教协议的签订:建章立制,有据可循

导师带教制的有序开展离不开一系列规章制度的建立。首先,带教导师需要与见习教师签订带教协议(见表2-7)。见习教师自主提出或与部门干部沟通后,从学校导师库中进行双向选择,最终由导师和部门干部协商后确定带教关系。带教关系确立后,导师和见习教师签订带教协议,从而正式建立双方的指导关系。带教协议不仅是带教导师与见习教师关系的纽带,也明确了双方在培训期间应承担的责任与义务。这种秉承平等自愿原则进行的双向选择,有助于带教导师与见习教师在带教期间建立相互尊重、密切配合、平等合作的良好关系,形成融洽的带教氛围,从而顺利完成带教计划,实现带教目标。

表 2-7　带教协议

见习教师姓名		任教学科		任教年级/班级	
导师姓名		任教学科		任教年级/班级	

（续表）

起止时间	带教目标	带教内容	带教方式
……	……	……	……
填表说明	1. 经导师和见习教师沟通后,此表由导师填写,并于签订带教协议后一周内提交人力资源部门; 2. 此表一式三份,导师与见习教师各一份,人力资源部门备案一份。		

其次,制定带教导师制管理制度以及考核评价机制等,为带教工作提供相应的制度保障。其中,带教导师制管理制度不仅包括导师制的目的、管理原则、适用范围,还对导师基本要求、导师与部门干部对指导见习教师的影响差异以及导师制职责划分、导师制具体实施等进行明确规定(见表2-8),让导师带教工作有章可依、有据可循。

表2-8　导师制管理制度的主要内容

1. 目的

（1）尝试建立规范、系统的导师制度,探索见习教师规范化培训新模式;

（2）通过导师对见习教师的指导,传播学校文化理念、价值观,推动岗位知识、技能和经验的归纳和提炼,并有效分享和传承,加快见习教师的成长;

（3）营造见习教师学习、乐于分享和发展他人的文化氛围。

2. 管理原则

（1）相互尊重、平等交流,倡导带教导师和见习教师互学共赢;

（2）注重实效,指导形式可灵活多样。

3. 适用范围

带教对象主要为见习教师,待形成一定的经验积累后,在学校或区域范围内进行推广。

4. 导师基本要求

（1）对学校文化有强烈的认同感和深刻的理解;

（2）在某一学科领域具有专长,有分享传承的意愿;

（3）具备熟练的沟通和指导技巧;

（4）区级骨干教师、学科带头人自动成为学校带教导师。

（续表）

5. 导师制职责

（1）校长

① 审批导师制度、方案和经费；

② 审批学校导师人选。

（2）人力资源部

① 人力资源部负责制定和完善导师制度和方案；

② 提请校长批准导师名单；

③ 收集、整理相关记录；

④ 组织导师、见习教师交流会。

（3）部门干部

① 积极支持、参与导师制的实施；

② 为见习教师选择导师提供建议，与导师保持沟通。

（4）导师

① 根据学校及见习教师发展需要，制定有针对性的带教目标和计划；

② 与见习教师建立良好的互动关系，建立有效沟通渠道；

③ 定期与见习教师沟通交流，跟进带教计划的实施，并反馈其表现；

④ 整理、提炼相关知识和经验，并有计划地向见习教师传授。

（5）见习教师

① 尊重导师，积极与导师沟通，诚实对待导师，认真学习导师的长处与经验；

② 按与导师约定沟通的渠道、频率，及时完成各项带教计划，达成指导目标；

③ 及时提交总结报告，并提交给人力资源部备案。

6. 导师制具体实施

（1）导师与见习教师带教关系的确定

① 由见习教师自主提出或与部门干部沟通后，从学校导师库中进行双向选择，最终由导师和部门干部协商后确定带教关系；

② 导师和见习教师签订带教协议，正式建立双方的指导关系；

③ 经沟通了解后，导师根据双方情况，制订带教计划，做好培训内容与进度安排的整体规划，进而明确各阶段的目标、内容和指导方式等，报人力资源部备案；

④ 带教结束后，见习教师须提交本人见习规范化培训总结，经导师评价后，报人力资源部存入见习教师培训档案；

⑤ 导师同时带教的见习教师原则上不超过4名。

（2）导师指导内容

导师指导内容不仅包括学科知识和班级管理技能，还包含工作经验传承、团队意识和心

（续表）

态引导等内容。

① 知识技能：业务知识和专业技能；有代表性的工作案例；

② 业务经验：对业务的个人感悟和经验；职业生涯发展的经验和体会；教育信息、教育资源等；

③ 团队管理：对团队管理的经验和感悟等；

④ 心态引导：引导见习教师拥有快乐工作和生活的积极心态；

⑤ 其他有助于提升见习教师的知识、技能、工作方法的事项。

（3）跟踪

① 人力资源部根据见习教师带教计划进行跟踪，了解带教进展情况；

② 人力资源部门根据需要，组织召开导师、见习教师讨论会，并根据意见和建议提供相应支持；

③ 及时收集、整理相关记录，总结分析后存入见习教师培训档案。

7. 生效日期

本制度从颁布之日起生效，人力资源部门负责解释和修订。

三、带教个性化实施：定位需求，适切指导

在见习教师规范化培训中，实现见习教师规范化的专业发展是底线，实现见习教师个性化的专业成长是特色。带教导师首先需要了解见习教师的年龄和阶段特点，明确见习教师的迫切需求。见习教师作为特殊而又关键的教师群体，一方面存在年龄和经验上的弱势，最主要表现为：①自我意识较强（个性张扬、独立性较强）；②自信但较为脆弱；③自控能力较弱；④主动意识差，反应缓慢；⑤纪律观念薄弱；⑥理论知识与实践经验缺乏。但另一方面，见习教师具备极高的工作热情与理想抱负，具有扎实的知识基础，对专业技能的要求迫切，同时也有较强的求知欲。基于此，带教导师应给予见习教师更多的关心、鼓励和耐心指导，帮助见习教师建立职业自信与职业能力。

其次，带教导师在了解见习教师共性的同时，也要关注见习教师的个性化需求，制订适当的带教计划，采用多样的带教方式。例如，见习初期的教师由于各方面不成熟，很可能引起学生和家长的不满，极易遭受挫折。针对这种情况，带教导师应给予见习教师更多的指导与心理上的安抚和鼓励，共同找出问题的原

因,及时改正,帮助见习教师赢得学生和家长的肯定与信任。而见习中后期的教师,已经熟悉并适应了教育教学环境,对工作程序也有了一定了解,迫切需要在规范的基础上思考并总结自己的教学方法与教学风格。此时,带教导师应在指导见习教师提升专业知识与技能的同时,给予见习教师一定的发挥空间,为见习教师创设学习与展示的舞台。

四、带教诊断评估:以评促教,教学相长

带教导师的机制与文化对见习教师和带教导师的影响都是巨大的。见习教师在职初工作中与带教导师相遇,得到带教导师的温暖接纳和有的放矢的指导,进而获得较快的成长。而带教导师也因为担负指导见习教师的使命,使其自身得到提升,实现教学相长。

带教导师主要采取临床式"学科(管理)诊断法"为见习教师进行课堂教学(管理)的专业诊断。一是发现见习教师教学(管理)行为中的问题,及时予以矫正;二是挖掘并维持见习教师的教学(管理)特色;三是激发见习教师的问题意识和研究意识,促进见习教师自主教学(管理)诊断能力的发展。带教导师的教学(管理)诊断主要分为教学(管理)设计能力诊断和教学(管理)实施能力诊断,并且要为自己带教的见习教师填写"教学(管理)设计能力诊断书"和"教学(管理)实施能力诊断书",从而使教学(管理)诊断真正达到可视化、可量化、可操作、可评价的效果,不断促进见习教师的专业成长。

带教导师是见习教师接触教育教学实践的启蒙者,担负着传授知识、培养见习教师专业能力和专业素质的双重任务。作为带教导师,要善于学习,勤于总结和更新知识,注重言传身教。在工作中,对待见习教师既要严格要求,又要热情鼓励,采用情感教育的方法,激发他们的工作兴趣,变被动培训为主动培训,培养他们独立思考和解决实际问题的能力。在生活方面,尽量照顾见习教师,帮助见习教师以积极的心态投入到培训工作中,同时与见习教师建立起真诚、互相理解的带教关系。

第四节　带教导师的评价标准

带教导师评价是指对带教导师的素质、带教工作、带教效果等多方面价值进行判断。带教导师评价不仅能作为带教导师续聘与奖惩的依据,也能评定出带教质量的优劣,促使带教导师及时改进带教过程中出现的问题,促进带教导师的专业发展,进而整体提升带教水平。不管是以终结性评价为目的,还是以发展性评价为目的,都应为提升教育质量和促进教师专业发展而服务。

一、市级层面:标准引领

带教教师的评价是见习教师规范化培训的重要方面和首要环节。带教导师评价中的评价标准直接决定着评价的目的与结果。在制定带教导师评价标准时应按照上级主管部门的要求,在区级层面进行细化。评价带教导师应基于带教工作的目的、内容和要求,建立科学合理的带教导师评价标准,这不仅能对带教导师的工作起到诊断、调节和监督的作用,更重要的是,明确适切的评价标准能对带教导师的工作起到导向和激励的作用。

上海市教委出台《2019 年上海市中小学(幼儿园)见习教师规范化培训优秀指导教师评审参照标准(试行)》,其中既包括师德素养、指导工作及相关研究等宏观方面的要求(见表 2 - 9),也包括从带教规划、带教过程、带教成效到带教亮点 4 个一级指标及其相应的 12 个二级指标的细化(见表 2 - 10),全方位地对一名优秀指导教师所应具备的标准进行框架式引领,为区域层面、学校层面以及指导教师群体提供了可供参考的反思和改进方向。

表 2 - 9　2019 年上海市中小学(幼儿园)见习教师规范化培训优秀指导教师评选条件

1. 坚持以习近平新时代中国特色社会主义思想为指导,忠诚人民教育事业,模范履行岗位职责,带头培育和践行社会主义核心价值观,爱岗敬业,教书育人,充分展现新时代"四有"好老师的良好形象; 　2. 全面贯彻党的教育方针,落实立德树人根本任务,坚持以德立身、以德立学、以德施教、以德育德,为人师表,师德高尚; 　3. 认真履行指导教师工作职责,真正成为见习教师职初成长的引路人;认真组织开展

（续表）

见习教师规范化培训的各项工作,推进学校或区域教师队伍梯队建设,成绩突出;

4. 切实帮助见习教师正确认识与适应教师角色,形成规范的教育教学行为,掌握教育教学的基本知识与技能,使见习教师得到规范化、标准化的培养;

5. 2016 年以来,开发实施相关市、区级见习教师规范化培训课程,开展了见习教师培养工作的相关研究。

表 2-10　2019 年上海市中小学(幼儿园)见习教师规范化培训
优秀指导教师评审参照标准(试行)

一级指标	二级指标	参考说明	占比(%)
带教规划	1. 带教目标明确	1. 对带教对象有个性化、针对性的学情分析; 2. 有阶段性目标与长期目标。	30%
	2. 带教内容全面	1. 一年带教需全面兼顾 18 个培训要点; 2. 带教内容适切,可操作性强。	
	3. 活动主题集中	1. 活动主题源自见习教师想要解决的各种问题; 2. 活动主题之间关联紧密,有序列性。	
	4. 课时分配合理	1. 活动时间充裕,确保每次半天学习; 2. 活动容量适中,确保培训任务的落实。	
带教过程	5. 带教记录翔实	1. 全年(每学期)带教记录完整,要素齐备; 2. 客观反映带教实况并及时反思。	40%
	6. 指导方法多样	采用多种指导方式,如指导教师亲自示范、见习教师同伴间的交流、提供其他观摩学习的机会、见习教师实践体验等。	
	7. 跟进指导及时	针对前一次培训过程中暴露出的问题及时提出改进措施,实施跟进指导。	
	8. 指导小结中肯	指导小结能够反映带教优势与特色,并能客观认识带教过程中存在的问题。	

（续表）

一级指标	二级指标	参考说明	占比（%）
带教成效	10. 见习教师成长	1. 指导的见习教师承担区级、片级公开课； 2. 指导的见习教师的教学成果在市、区、片、校获奖或发表； 3. 指导的见习教师在市、区级基本功大赛（或同类比赛）中获得嘉奖； 4. 指导的见习教师在规培年度的考核成绩优秀。	10%
	11. 指导教师发展	1. 指导教师对学校工作中的贡献； 2. 同事、带教对象等对指导教师的认可度； 3. 指导教师在带教期间获得各级各类教育教学荣誉； 4. 指导教师在带教期间研发相关见习规培的市、区级教师培训课程。	15%
带教亮点	12. 特色、创新	1. 指导教师在带教模式、内容安排、实施方法等方面有创新、有特色等； 2. 承担见习规培带教工作年限长、带教人数多。	5%

二、区级层面：标准细化

区域层面根据市级文件的精神，结合区域和学校带教工作的实际情况，对带教导师的评价标准又做了进一步的完善和细化。例如，浦东新区开发了"导师带教实施情况自查表"（见表2-11），以及"带教导师年度培训工作要点自查表"（见表2-12）等。区域层面通过自查表填写，开展座谈了解实际情况，以及相关的见习教师或带教导师问卷调查，能够较为全面地对带教的真实情况开展跟踪式调查与过程化评价，及时发现实践中真实存在的带教难点、带教困惑和带教需求等，进而从区域层面和学校层面为带教导师提供相关的政策、制度、资源、经费等方面的帮助与支持。

表 2 - 11 见习教师规范化培训基地学校导师带教实施情况自查表

学校名称：

教学工作和班级工作带教	导师带教任务完成情况：
	带教的具体做法和积累的经验：
	问题和建议：

表 2-12 带教导师年度培训工作要点自查表

一、职业感悟与师德修养	
1	辅导学员制订个人参培计划书(份)
2	督促学员完成职业生涯随笔(篇)
3	辅导学员完成规范化培训阶段总结(份)

二、课堂经历与教学实践	
1	指导学员研读学科课程标准并在教研组内做课标解读专题发言(次)
2	指导学员研读教材完成单元教学设计(篇)
3	指导学员研读教材完成教材分析和编写教案(篇)
4	指导学员说课(次)
5	指导学员上公开课并进行教学自评和反思(次)
6	督促学员有针对性地观摩课(节)
7	督促学员有针对性地点评其他教师的课(节)
8	指导学员撰写观课评课报告(篇)
9	指导学员编制学生单元作业(份)
10	指导学员编制单元考试试卷(份)
11	指导学员撰写单元质量分析(篇)
12	指导学员进行期中或期末考试班级质量分析(篇)
13	指导学员设计拓展型选修课的构思与课程概要(门)

三、班级工作与育德体验	
1	为学员提供干部会议、学生座谈会、家访、主题班会、班级活动的观摩机会
2	指导学员修改班干部会议方案(次)
3	指导学员修改主题班会方案(次)
4	指导学员修改班级社会实践活动方案(次)
5	为学员示范班级情况分析、学生个案分析、学生学期评语(次)
6	给学员提供班级情况分析修改意见(份)
7	给学员提供学生个案分析修改意见(份)
8	给学员提供学生学期评语修改意见(份)

四、教学研究与专业发展	
1	为学员推荐专业书(本)
2	督促学员完成读书笔记(篇)
3	督促学员参加教研组活动(次)
4	指导学员参与策划备课组活动(次)
5	指导学员修改三年个人专业发展计划(份)

三、学校层面:规范实施

学校层面一般是依据市、区两级层面的评价标准和考核细则对带教导师的带教质效进行全面评估,主要涵盖见习教师专业发展和带教导师专业发展两个维度,从而引导带教导师不仅关注如何更好地做好带教工作,促进见习教师成长;也会关注如何能够促进个人专业成长,提升自身带教水平,实现自身专业发展,在带教过程中实现教学相长、互惠共赢。诚然,学校也需要根据具体情况,不断改进和优化带教导师考核标准。例如,依据带教导师的年限差异或专业发展水平差异,实施有层次的差异化考核,以确保最大限度激发全体带教导师的动力,培育出一支注重规范且追求卓越的优质带教导师队伍,逐步提升学校整体带教质量。

总而言之,带教导师从合格到胜任再到优秀,是一个困难且复杂的过程。市级和区域层面制定的相关标准与评价,不仅有助于相关单位对带教工作的成效进行考核,保证见习教师规范化培训的质效,同时也为带教导师的专业发展指明了路径和方向,提供了充分的帮助和支持,并鼓励他们努力成为一名优秀的带教导师。

第三章

带教导师入门法则

导师带教是一种有利于见习教师专业发展的在职培养模式，有助于见习教师在导师的带领下快速适应职业角色，寻求专业发展中的准确定位与合理规划，在专业技能和教育教学能力方面获得快速提升。虽然带教导师具有较为丰富的教育教学经验，但初次参与规范化培训带教，其带教经验是匮乏的。本章将为初任带教导师顺利完成带教工作支招。通过本章的学习，初任带教导师将了解如何为见习教师量身打造带教方案、如何指导见习教师打磨考评课、如何指导见习教师开展班会活动。

第一节　量身打造带教方案

　　程老师是一位有5年教龄的教师,今年学校安排她承担区里的见习教师带教任务。初次带教,"小菜鸟"惶恐不安,压力倍增,无从下手。为此,程老师请教了学校资深的带教导师,并在资深导师的指导下制定了适合见习教师的个性化带教方案。初任带教导师应如何制定带教方案呢?

　　导师带教是目前中小学普遍采用的教师培养方式,严谨、有计划、符合学员需求的带教往往事半功倍,有利于新教师的专业发展。完成这项工作的首要任务是,带教导师基于自身和见习教师双方的基础与需求,为见习教师量身打造带教方案。

一、师徒知己知彼

　　制定带教方案的前提是知己知彼,即见习教师和带教导师互相熟悉,进而借助现有条件突破瓶颈。具体而言,见习教师与带教导师需要各自梳理相关信息(见表3-1)。

表3-1　见习教师和带教导师信息统计表

见习教师	个人信息	求学经历、工作经历、专业特长、自我期待
	教学信息	校情、学情、工作内容与工作量、上课时间
带教导师	个人信息	教学或班主任工作的擅长之处
	教学信息	校情、学情、工作内容与工作量、上课时间

　　梳理见习教师的个人信息,可以使带教导师较快地了解见习教师,也能让见

习教师在自我梳理的过程中更为深入地了解自己,以便制定带教方案。

　　求学经历旨在阐述见习教师的教育背景,分析其教育背景与所教科目的联系,如学科所需知识与大学所学专业的匹配度。工作经历旨在分析见习教师有无职场经验,是应届毕业生,还是有教学经验的教师。专业特长旨在表明见习教师的擅长之处,可在制订带教计划时将其融入,凸显见习教师的个人特色。自我期待旨在让见习教师对自己的教师职业生涯有所思考,能有一个长期的愿景和短期的规划。

　　除个人信息外,见习教师还需要梳理教学信息,即聘任学校的详情和自身承担的教学任务。校情、学情的阐述能让见习教师较快地了解自己的聘任校和所教学生的学习情况,也能让带教导师了解学校间的异同,可在带教计划中设计教学对比实验、开展同课异构等。现实中,教师的工作任务不仅仅是教学,为了更好地了解见习教师,带教导师需要知道见习教师的工作内容、工作量和教学时间等,便于在不给见习教师过多压力的情况下达到带教的最优效果。当然,除了以上信息,见习教师若能更多地呈现自己的信息,则更有利于带教导师为见习教师量身制定带教方案。

　　带教导师了解见习教师后,可以结合自己的带教经验制定带教方案。为了使带教方案更加符合见习教师的需求,也为了让带教导师在带教的过程中促进自己的专业成长,带教导师需要从多方面呈现自身的情况。

> **🖐 小贴士**
>
> 　　沟通不限于表3－1中列出的维度。在沟通过程中,双方可以适当追问,增强沟通的有效性。

　　根据表3－1所列信息,带教导师程老师和见习教师小张老师进行了深入交流,程老师了解了小张老师的基本情况和学习需求,小张老师也知道了程老师教学中擅长的部分。

　　见习教师(小张老师):华东师范大学本科非师范地理信息系统专业毕业,有两年教学经历,擅长地理信息系统的应用,希望成为一名具备良好理论素养与教学能力的教师。

　　带教导师(程老师):第一次带教,有扎实的教育学理论基础,擅长教学、擅长课堂教学研究。

二、制定个性化带教方案

（一）借助 SWOT 分析法制定带教方案

带教导师和见习教师在对双方互相了解的基础上,可采用 SWOT 分析法对具体的带教范围和方式等做出明确规划。

SWOT 分析法又称为态势分析或策略评价法,分别代表优势(Strengths)、劣势(Weaknesses)、机遇(Opportunities)、威胁(Threats)。这一分析方法从整体上包含两个部分:一是基于 S、W 内部因素和基于 O、T 外部环境因素分析;二是结合 S—O、S—T、W—O、W—T 矩阵分析制定内部因素与外部环境相匹配的发展战略。①

1. 将基本信息填入 SWOT 分析表

通过双方信息的呈现,程老师了解到,张老师在进入聘任学校执教之前已有两年初中地理的教学经验,对日常教学工作已有一定的了解。由于张老师是非师范专业毕业,虽有两年教学经历,但主要靠自己摸索,没有经历过系统的教学理论学习。于是,程老师根据自己和张老师的基本情况,做了简单的 SWOT 分析(见表 3-2 和表 3-3)。

表 3-2　张老师基本情况的 SWOT 分析

S(优势)	有一定教学经验;地理信息系统是很好的教学辅助工具	W(劣势)	未经过系统化的教学理论学习
O(机遇)	系统化、浸润式培训	T(挑战)	成为一名具备良好理论素养与教学能力的教师

表 3-3　程老师基本情况的 SWOT 分析

S(优势)	扎实的教育学理论基础;擅长课堂教学与研究;初高中一贯制教学	W(劣势)	无带教经验
O(机遇)	学科组资深教师多	T(挑战)	成为一名合格乃至优秀的带教导师

① 方华基,叶哲铭.SWOT 分析法与中小学名师培养目标的自我预设[J].中小学教师培训,2017(09):14-17.

2. 结合 SWOT 分析表制定方案

（1）课堂教学方案

① 带教导师层面。课堂教学是教师的主要工作,张老师是一位具有两年教学经验的教师,站稳课堂已不是其专业发展的重点目标,所以程老师把关注点落实在课堂设计方面。首先,定期针对共同的教学内容,组织探讨交流,分享教学方法。其次,结合基地学校的公开课平台,定期进行观课、评课活动,完成见习教师规范化培养工作方案中的相关课堂教学实践安排。

程老师所在学校是一所初高中一贯制学校,在高考改革背景下,初中的教学内容将成为学生未来学习的背景知识,在教学过程中要考虑到学生的高中学习,所以程老师除对初中阶段的教学内容进行整体了解和分析外,还计划与张老师就高中教学内容进行讨论。

张老师虽然具备一定的教学经验,但因为是非师范专业毕业,未经过系统的教学理论学习,所以在教学理论方面存在一定欠缺。而程老师又恰好有扎实的教育学理论基础,所以程老师计划通过专业书籍和公众号文章的推荐与共读,提高张老师的教学理论基础。同时,有针对性地让张老师阅读教学方法和教学目标撰写相关的内容,与张老师共同研读针对教学的基础专业书——《地理教学论》,并一起讨论,将理论知识落实到教案撰写的实际工作中。

② 学科团队层面。程老师是新手带教导师,在制定带教方案时应考虑发挥团队教师的带教作用,借助学科组资深教师的力量,采取团队带教的方式。学科组资源对张老师全面开放,张老师可以观察初中、高中不同地理教师的教学课,参与初、高中研讨。

团队带教指导模式是初任教师专业成长的一种师徒制革新方式,不仅能满足初任教师多向度的学习需求,有效促进初任教师的专业成长与发展,而且有助于更新带教导师的教育观念和知识结构,实现初任教师与带教导师的双向激励和共同发展;更使传统的师徒制模式实现了新的转型,从而在现代社会展现新的活力。[①]

③ 学校层面。程老师所在的学校是上海市教师专业发展学校,"五课制"是

---

① 蔡亚平.团队带教:基于师徒制的初任教师培养模式革新[J].当代教育科学,2018(05):72－74+85.

学校教师发展中最大的特色,包括新教师汇报课、青年教师展能课、中青年教师特色课、资深教师示范课、班主任竞技课,每一种课都有自身的特色。程老师想借助学校的平台为见习教师提供更多优质资源,为此要求张老师尽量去听公开课或观看相关视频录像,然后与张老师一起交流,实现教学相长。

（2）教育科研方案

张老师毕业于华东师范大学地理信息系统专业,对地理信息系统有一定的研究,但缺乏将其运用于教学的思考。带教导师程老师除了有扎实的教育教学理论基础外,还擅长学科教育研究。为此,师徒二人根据双方的优势,定期分享地理信息系统前沿科技,交流地理信息系统在教学中的应用,探讨地理信息系统运用于地理教学方面的课题研究,希望能在研究的过程中提高教学能力。

通过 SWOT 分析,结合两位教师的教学年级和课时安排等,最终确定了带教方案的核心点(见表 3-4)。

> **小贴士**
>
> 方案不限于学科教学和教育科研等方面,需结合 SWOT 分析表与见习教师培养要求来制定。表 3-4 仅呈现了程老师案例中通过 SWOT 分析后制定的具有代表性的带教方案维度。

表 3-4　带教方案计划表

带教内容	学科教学	教育教学理论学习:专业书籍和微信公众号推文的推荐与共读,每周一次。 教学实践:课程标准解读、教材分析、教案设计、说课、听评课(带教导师、团队教师、学校公开课)等。
	教育科研	技术分享:课题研究"地理信息系统运用于地理教学的实践探索"。
	师德素养	专业书籍和微信公众号的推荐与共读,每周一次。
带教方式	团队带教	整个教研组的课向见习教师全开放,供其学习。

（二）结合团队优势制定带教方案

程老师和张老师的案例,展现了师徒互相了解以及量身打造带教方案的过程。带教过程中,带教导师所在的学科团队除了随机进行教学指导和优质教学展示外,还可以发挥更多的作用。例如,带教导师熊老师所在的心理教师团队,在带教导师与见习教师知彼知己并对基本信息进行 SWOT 分析后,开展了全方位的团队带教,包括带教方案的共同制定、全程共同带教、个性化带教等。

心理学科团队带教方案制定

1. 教师团队

学校有三位高级职称心理学科教师,除了课堂教学外,还擅长心理咨询、心理教育科研(心理测量、心理研究方法)。三位带教导师根据每位见习教师的职业发展规划及大学所学内容实施团队带教。

2. 目标定位

2016年学校带教2位心理学科见习教师,分别是陈老师和李老师。陈老师研究生毕业,是区未来的初中教研员人选,李老师是某中学的新入职教师。两位老师都有心理学专业背景,也都有一定的基础教育阶段心理健康教育工作的实习经历,但是她们的专业知识不扎实,课堂教学技能和个别心理咨询经验也不足。鉴于学校心理健康辅导工作的特殊性,需要她们做大量课堂外的心理辅导工作。因此,拟定培训目标如下:(1) 培养中学心理学科教学素养,提高理论水平;(2) 培养初中心理活动课教学技能,提高教学设计和教学组织的能力;(3) 培养组织开展学校心理健康教育活动的能力,提高学校心理工作的质量。

根据陈老师未来发展角色的定位和李老师在非城区片学校的任职要求,在培养目标上,既要传授基本学科教学技能,还要根据她们未来的发展进行有针对性的、个别化的辅导。对陈老师突出心理学科教研工作指导,对李老师突出学校心理健康活动组织指导。

3. 带教共性问题

课堂教学:开展集体学习、备课、听课、评课等模式,每周开展一次教研组集中学习备课活动,一次集中教学听课活动,在活动中共学、互帮、分享。前四周主要是听课观摩,之后进入集体备课、学员上课、听课评课阶段。

学员生涯规划与理论学习:根据心理咨询师的特质和个人的人格特质,注重发展学员的个人教学特长,注重学员的职业生涯发展规划设计。着眼于中小学教师专业化发展要求和心理健康教育发展形势,通过普通心理学和社会心理学的专题研修,不断丰富学员的心理专业知识。

4. 带教个性问题

针对两位老师的不同发展需求,由擅长科研的王老师对陈老师加强心理学科教研工作指导,由擅长组织心理健康活动的熊老师对李老师加强学校心理健康活动组织指导。

除此之外,三位导师分别针对自身在咨询和科研上的特长,设计不同的活动专题,分别主讲,让学员学习不同导师的教学和实践经验。

(三) 导师联动制定带教方案

见习教师除了有基地学校的带教导师外,还配备有聘任学校的带教导师。两位带教导师在带教的一年中,会在课堂教学、教育科研等方面对见习教师进行个性化指导。两位带教导师可以共谈共商,结合自身优势、劣势

> ◎ 小贴士
>
> 可通过见习教师搭建两位导师的沟通渠道。

以及学校提供的资源,制定适合见习教师的个性化带教方案,避免在某些方面带教的重复,也弥补带教中的不足。

(四) 深入沟通,及时调整方案

对学员有初步了解并制定个性化目标后,需要在后续的带教中继续与学员沟通,加深对学员的了解。导师与学员通过深入交流沟通,形成一种"紧密联系"的带教模式。导师对学员的需求能够及时响应,对学员的疑惑之处也能及时解答。导师与学员之间比较了解,可以及时调整和更新参培方案,使见习教师获得更有针对性的指导。

我们有时会忽略"闲聊"的作用。其实,在这些闲暇细聊的过程中,会挖掘出无数的教育教学资源,经过整理归纳,还能提炼出不少教学经验与教学策略。在带教上海市尚德实验中学叶老师的过程中,我们师徒在无数次闲聊中,发现了不少问题,也探讨了不少解决的方案。

在这一年的带教中,我们师徒都从"闲聊"中获益颇丰。归纳起来有以下几点:第一,提高了带教导师的问题意识、引导能力与科研水平;第二,培养了见习教师观察与思考的能力、积累与表达的习惯,并使见习教师掌握了课题研究的基本方法;第三,有效激发了见习教师的科研意识,为其后续成长奠定了基础;第四,师徒都逐步积累了一些生动有趣的教育教学案例和家校互动案例。

上述为上海市东昌中学东校带教导师王老师的访谈内容。从中可以看出,带教导师和学员通过深入了解,可以根据学员的需求和自身的优势,为学员个性化地定制带教目标,从而使带教更加符合学员的需求,使见习教师在有限的培训时间内获得最大的成长。

三、技术支持下的带教方案实施

见习教师带教多为跨校的师徒带教。在实践中,跨校师徒带教在时间、空间、资源共享等方面存在一定问题。上海市金山区在导师带教中引入"即时通"技术手段,构建导师带教交流互动平台和资源共享平台,构建导师带教运行管理机制,解决了时空限制、资源匮乏、效能低下、缺乏高水平专家纵向引领等问题,提升了导师带教的成效,促进了新教师的专业成长。[1] 由于条件限制,很多区域还未配备专业化的技术手段,但可以采用类似"即时通"的技术手段,辅助带教的实施。

最简单、使用频率较高的即为微信、QQ、邮件等现代通信手段,以及视频录制。这些通信手段的应用,有利于促进师徒及时、深入地交流,在师徒无法同时在线的时候,可以利用邮件进行异步交流。而视频录制可以便于师徒就具体片段进行分析,更具针对性。见习教师规范化培训不仅有见习基地的培训,也有聘任学校的培训,要收获最佳效果,需要基地校与聘任校的带教导师及时、频繁地交流。但是导师们通常在不同学校工作,存在路途遥远、时间不同步等问题,此时借助通信工具和视频录制,导师们可突破时空的限制,实现同时、同步指导。这些技术的使用,有助于带教的实施,也便于动态调整带教方案,确保带教的有效性。

带教在师徒知己知彼中开始,在SWOT分析、团队带教、导师联动中制定带教方案,根据实际的带教效果和师徒的深入沟通,及时调整方案,并在带教实施中合理运用技术手段,以更好地促进带教的实施,助推见习教师的成长,也让带教导师在带教中汲取新知识、新理念,进而实现教学相长。

---

[1] 徐斌.基于"即时通"提升中小学导师带教效度的思考——以上海市金山区为例[J].现代中小学教育,2019,35(06):77－81.

第二节　精心打磨考评课

> 见习教师小黄要参加区里组织的见习教师考评课,从接到见习考评通知的那天起,小黄老师就忐忑不安。考评课的评价标准有哪些?如何准备一节优秀的考评课?没关系,小黄老师很幸运!带教导师顾老师从考评课的要素、考评课的教案设计、设计中的常见问题以及考评课的生成性问题等方面逐一对她进行了指导,小黄老师得以顺利通过考评。

一、初识考评课

根据上海市教委《进一步推进上海市中小学(幼儿园)见习教师规范化培训工作的意见(试行)》(以下简称《意见》),见习教师规范化培训结束后,在区教育学院和教师进修学院的指导下,培训学校或培训基地与聘任学校共同对见习教师进行考核,考核合格作为继续在上海市中小学从事教育教学工作的重要依据。

见习教师区级考评工作中非常重要的一项是本区见习教师的课堂教学"达标"考评活动。以浦东新区为例,2019 年见习教师区级课堂教学"达标"考评活动分两轮进行:第一轮由各基地学校负责对本基地见习教师进行课堂教学考评,基地学校对校级考评优良的学员进行课堂教学视频录制,进行推优;第二轮由区级考评,由区主管部门组织专家对推优视频进行评审,公布评审结果。

对见习教师而言,考评课既是对一年见习效果的汇报,也是其继续在中小学从事教育教学工作的"通行证"。考评课对见习教师非常重要,因此见习教师必须在见习的一年时间里苦练内功,在教育教学上不断精进。

自从实施见习教师规范化培训以来,见习教师考评课的校级考评竞争一年比一年激烈,2019 年的第一轮见

> **小贴士**
>
> 见习课考评的考核点是教师在实践中总结出来的,不是官方的评价标准,有待继续细化和补充。

习教师考评课就呈现出了大量高水准的优秀考评课案例。

二、关注考评课指导的关键点

考评课作为见习教师一年培训成效的集中展示,不同于市、区级公开展示课,也不同于各级各类比赛课,它具有考核的功能。因此,带教导师在指导见习考评课和一般公开课时应采用不一样的策略。

考评课的关键是考核,考核就应该依据考评标准。正如一位带教导师所说:"其实每位带教导师都有'谱',考评课就是对合格课堂、规范课堂的考核。初入职的新教师首先要学会课堂规范,站稳课堂,这是见习阶段最亟须解决的问题。"

带教导师可以从见习教师站稳课堂的角度,分析考评的考核点。初次走上工作岗位的见习教师,学生、教材、教学环境等对他们而言都是新事物,一节有效的课,要分析学生、教材和教师自身,整合环境资源和信息技术资源,考虑的因素非常多。见习教师首先要知道规范课堂的基本要求和一节完整课的基本程序与要求,要明确不同的教学对象和教学内容需要调配不同的资源、采取不同的方式。考评课既是对一年见习的总结和考核,也是在经过一年见习规培后,见习教师在课堂设计、课堂监控、资源整合、教学策略、师生互动、教师风格等方面进行全方位的展示。

(一) 学情分析精准到位

教师更好地教是为了学生更好地学。有效的教学不是教教材、教教案,而是教学生。学生作为学习的主体,满足学生的学习需求是每位教师需要认真考虑的问题,这就要求教师进行教学设计时要对学生进行学情分析。做好学情分析也是带教导师培训见习教师的一项内容,且每门学科的要求是不同的。

> **⚜ 小贴士**
>
> 学情分析可以采用多种方式,如问卷调查、访谈。学情分析是进行教学的基础,只有做好学情分析,设计才能贴合学生。

学情分析是对学生学习情况的分析,包括对学生学习起点的分析,如了解学生的认知基础、对新知识的接受水平、学习能力、思维方式、学习风格;具体到某一学科,还包括学生在本学科上的学习准备,包括学习基础及学习特点和个性特征。除此之外,学情分析可以从两个角度出发:一是对班级学生群体进行分析,二是基于班级整体特点对学生个体差异进行分析。教师应在充分分析学生群体特点和个体差异的基础上进行教学设计。

见习教师在培训中会发现,基地学校和聘任学校的学情还会存在差异。带教导师应指导学员运用多种调查方式进行对比研究,引导学员学会因学生学情不同而对相同进度的同一节课采用不同的设计。并且要让见习教师明白这只是教学设计中的预设,属于理想状态,在实际教学过程中,教师还需要根据学生的表现对原有的学情分析进行教学调整。客观地说,学情分析是一个动态的过程,是一个充满反思、不断调整的过程。

（二）教学目标设计准确

要真正使学生成为课堂的主体,教师必须在学情分析的基础上,精准设计教学目标。课堂教学目标是教育理想与教育现实的主要联结点,不仅对课堂教学的实际效果发挥着重要作用,而且影响着教育理想的实现程度。因此,教师应注重教学目标的制定,大到本学科的课程目标,小到一个课时的目标。教学目标的制定可以参照管理学中目标制定的原则,同时结合教育学科中对教学目标的规定来综合考量。

（三）教学环节紧扣,逻辑清晰

课型不同(如新授课、复习课、巩固课、技能课、检查课)教学环节也不同,如新授课有热身环节—导入—新授—巩固—运用—小结—作业等,复习课有讲授—检查或是检查—讲授等。教师应根据课型的特点和要求来设计教学环节。

（四）作业板书设计合理

教师应根据每节课的教学目标和课程进度设计合理的板书,板书应力求简洁、概括、美观,有内在逻辑,切合教学目标和内容。

（五）课堂评价清晰可见

教师对学生的学习评价应贯穿课堂始终,运用多种评价方式促进学生的课堂学习,提升学生的学习效果。

（六）集中体现教师的个人综合素质

教师的课堂管理和监控能力、教师对课堂突发事件的处理能力、教师的着装和语音语调、教师的板书能力等都在考评范围内。考评课是教师个人综合素质的集中体现,也是评价者评判见习教师能否胜任教师教学工作的重要方面。

三、有效指导考评课的教案撰写

(一) 教案概述

1. 何为教案

教案是教师根据课程标准和教材内容,结合学生的实际,经过认真思考后精心设计的,以课时或课题为单位的具体教学方案。[①]

2. 教案的重要性

对教师来说,一份好的教案设计是上好一堂课的前提条件。教案是教师进行课堂教学的重要依据,能够帮助教师提炼教材内容、厘清授课思路、指导教学实施,进而保证授课质量。一份好的教案是设计者教育思想、智慧、动机、经验和个性的综合体现。教案承载着教师的教学能力、教学方法和教学技巧,反映了教师对课程标准、教材、知识的理解。因此,在见习教师规范化培训考评中,教案设计是非常重要的一个考核点。通过审阅见习教师设计的教案,评委可以对他们的专业水平、教学能力、教学思路等综合教学素质做出初步评估。

3. 教案的基本结构

教案结构的完整性是见习教师考评时教案评估的一项基本指标。尽管不同学科有自己的特点,教学形式和教学手段也不尽相同,但是不同学科的教案也具有共性,需要遵循一定的基本结构。一份完整的教案设计一般包含教材分析、学情分析、课型和课时、教学目标、教学重点和难点、教学方法、教学准备、教学过程、作业布置、板书设计和教学反思等。

(1) 教材分析

教师进行教学设计时,应按照课程标准的要求,充分研究教材,对教材结构和内容进行具体分析,明确内容之间的联系及课程标准中对学生能力的要求,进而探究优化处理教材,选取合适的教学方法和教学手段,提高教学质量。全面的教材分析包含三个方面:对教材内容在学科教学中的地位分析,对教材内容的知

---

① 李爱军.论课堂教学教案的编写[J].现代职业教育,2018(01):152-153.

识体系以及教材的教学目的、重难点和课时安排的分析,对教材在学科教学中作用的分析。

（2）学情分析

学生作为学习的主体,关注学生的需求是教学设计的出发点。根据建构主义的观点,学习是个体知识结构不断重建的过程,因此教学要以学生原有的知识结构为基础。教师进行教学设计时,要认真分析学生的情况,了解学生的知识、能力、素质等的基本水平,包括学生的学习需求、认识水平、学习问题、思维特点、学习行为等。

（3）课型和课时

教师需要在分析课程标准和教材,以及了解学生、考虑教法的基础上,制订恰当的授课计划,确定课程的类型和课次。不同的课型适用不同的教学方法,只有确定课程类型才能更好地选择有效的教学方法。

（4）教学目标

教学目标是教案的核心内容,是教师根据课程标准的要求,基于充分的教材分析和学情分析,进而明确学生的学习应该达到的目标和预期效果。教学目标的制定一般包含认知目标、能力目标和情感目标三个方面。教学目标的制定要具体、明确,且便于执行和检查。特别需要强调的是,教学目标是评价学生学习结果的依据,而不是评价教师是否完成某一项教学任务的依据。[①] 因此,教学目标的表述要从学生的角度出发,把学生作为目标行为的主体。

（5）教学重点和难点

每节课的教学内容都有相对重要和较难之处。教学重点和难点是教师基于对课程标准、教材内容的研究,依据教学内容的重要程度及教学的难易程度,结合学生的知识结构和认识发展水平所确定的。教学重点是课堂教学的主要任务,难点则是完成教学任务中可能存在的障碍,明确重点和难点能够帮助教师在授课过程中突出重点、突破难点,抓住关键。

（6）教学方法

教学方法是教学过程中教师、学生为实现教学目的和教学任务要求,在教学

---

① 王葵红,练成.新课标下教案编写中值得探讨的几个问题[J].中小学教师培训,2008(10):40-41.

活动中采取的行为方式的总称。课堂教学中,教师采用合适的教学方法能够对教学效果起到很大的促进作用。李秉德教授将教学方法分为:以语言传递信息为主的讲授法、谈话法、讨论法、读书指导法;以直接感知为主的演示法、参观法;以实际训练为主的练习法、实验法、实习作业法;以欣赏活动为主的陶冶法;以引导探究为主的发现法和探究法等。① 在实际教学中,教师要依据教学目的和任务,综合考虑教学内容特点和学生情况,选择合适的教学方法。

（7）教学准备

教学准备是为了保证课堂教学的顺利进行,教师需要做的软硬件准备,比如教室的环境布置、媒体设备、软件平台,以及仪器、模型、标本、实物等教学用具。

（8）教学过程

教学过程是教师组织教学环节的设计,严谨细致的教学过程是课堂顺利进行的保障。教学过程设计要体现出课程对学生思维方式和行为习惯的培养,明确教学环节、学生活动、教师活动、时间安排及设计意图。教学过程一般包括复习前面学过的重要知识点、导入新课、讲解新的知识点、突破重点和难点、对新知识的训练、作业布置和小结等环节。② 当然根据不同的课程类型,教学过程的环节设置会有所差异,但都要遵循基本的规律:由简到难、逻辑清晰、过渡流畅,才能为课堂教学提供支撑。

（9）作业布置

作业是针对课程的重点并结合学生的实际水平所布置的练习,目的是便于学生复习、巩固和运用所学知识。同时,教师还可以通过学生的作业情况,对教学过程中出现的各种问题进行分析,以进行个别或集体辅导和答疑。

（10）板书设计

板书是教师借助黑板,运用文字、符号、图表等来辅助课堂教学的手段。板书是课堂中直观形象的教学语言,教师需要将设计好的用于课堂教学的板书展示在教案中。好的板书设计能够将教学内容系统化、结构化地呈现出来,便于学生理解和掌握主要的教学内容。

① 郑凤.高中通用技术微视频的设计、制作与应用研究［D］.济南:山东师范大学.
② 李爱军.论课堂教学教案的编写［J］.现代职业教育,2018(01):152－153.

（11）教学反思

教学反思是教学结束后，教师结合实际教学进程，对教案的实施效果进行全面的分析。一般是对教学过程的设计、时间的掌握、教学重难点的解决情况、教学环节的过渡、板书的布置以及学生反馈等情况进行反思，以便总结经验，修改完善教学设计。对见习教师的考评课来说，教学反思更为重要。通常在正式考评课开始前，见习教师都会经过多轮试教，不断打磨，每次试教结束后的教学反思是帮助他们不断完善教学设计的重要途径，有助于见习教师走向反思性教学的道路，提高教学专业化水平，探究个人的教学特色。

（二）见习教师教案设计的常见问题与指导策略

在教案设计中，见习教师容易出现教材和学情分析不充分、教学目标和重难点把握不准确、教学方法和手段选择不恰当、教学过程组织不严谨、板书设计不细致及教案撰写用语不规范六个方面的问题。

1. 教材和学情分析不充分

（1）具体表现

缺少教材分析或学情分析；教材分析和学情分析流于形式，对教学设计缺乏指导意义；没有正确解读教材内容，教学设计偏离教材目标；学情分析仅凭个人主观猜测，并未切实了解学生的需求和能力水平。

（2）指导策略

对教材分析，带教导师可以与见习教师分享自己的教学理念和经验，手把手引导见习教师研究教材内容，帮助其分析教材内容，引导其发现教材内容之间的联系，帮助他们掌握将单元目标切分到课时目标的要求和技巧。对学情分析，可以指导见习教师根据授课内容，通过访谈、问卷调查、学前测验等方式收集学生真实的反馈，进而了解学生的学习起点和学习需求。

2. 教学目标和重难点把握不准确

（1）具体表现

教学目标制定较多、抽象，不具有可操作性；教学目标的表述忽略学生在教学中的主体地位；无法区分重点和难点，以及它们与教学目标的关系。

（2）指导策略

对于教学目标，带教导师可引导见习教师分析教材内容，精简教学目标，保证教学目标明确具体,便于检测;规范教学目标的语言表述,强调学生的主体地位,避免出现"让学生……"和"使学生……"类似的表达。对于重点和难点,引导见习教师认识两者的区别,重点是课堂教学要达成的主要目标,难点是较难实现的教学目标。此外,在考评课的试教磨课中,带教导师要做好课堂观察和评课记录,及时帮助见习教师完善、调整教学目标和重难点。

3. 教学方法和手段选择不恰当

(1) 具体表现

设计教案时,见习教师在教学方法和手段方面遇到的困难主要有两个:一是教师讲授和学生自主探究的矛盾;二是合理发挥信息技术等教学手段在教学中的辅助作用。

(2) 指导策略

教学方法选择教师讲授还是学生自主探究要依据课程类型和教学内容来定,但见习教师的教学经验不足,常常会缺乏客观的判断。这就需要带教导师根据自己的经验,结合教材内容和学生情况,以及试教课堂的实际效果,帮助见习教师分析两种方式的利弊,把握在课堂中采用的主要教学方法。尽管板书是考评课中重要的考核点,不容忽略,但也要鼓励见习教师适当地借助信息技术,比如电子化的绿色化学实验课、TI 图形计算器的使用、物理实验模拟、生物模型的构建。这要求带教导师自身要有一定的信息技术辅助教学使用经验。

4. 教学过程组织不严谨

(1) 具体表现

教学环节堆砌、冗余,设计意图不明确,环节衔接不畅,缺少循序渐进的过渡;课堂导入时间过长,导入内容与教学内容无关;教学环节的时间分配不合理,没有凸显教学的关键环节。

(2) 指导策略

对于教学环节的设置,带教导师要指导见习教师在设计教学环节时遵循教学过程的组织原则——由简到难。对于环节间的过渡,可以要求见习教师将教案的详稿写出来,帮他们审核详案,了解其过渡方式,帮助见习教师进行完善。对于环节设置的冗余,可以要求见习教师在教案中注明设计意图,带教导师依据教学内容帮助他们把握环节设计的必要性,做出取舍。对于时间分配,要引导见习教师认识到教学的重难点,合理分配时间,在试教时也要及时帮助他们调整环节的设置。比如,课堂导入的目的是使学生快速获得本节课的重点信息或问题,快速集中注意力,所以导入环节要短,材料要切题,内容要新颖有趣,并能做到首尾呼应,让学生通过本节课的学习可以解决导入中提出的问题。此外,结尾环节的设计,可引导见习教师注意时间的弹性,把握课堂教学进度。

5. 板书设计不细致

(1) 具体表现

只有PPT,没有板书;板书设计单一,为了板书而板书,对课堂教学内容没有起到提炼和梳理的作用。

(2) 指导策略

带教导师要引导见习教师认识到板书的重要性,尽管现在课堂教学都离不开多媒体的辅助,但PPT在翻页后不留痕迹,不利于学生在脑海中形成对整节课脉络的认识,所以板书依然是课堂教学中不可或缺的一部分。板书设计也是见习教师考评时的重要考核点,在设计板书时,不能为了板书而板书,应使板书真正发挥提炼、总结的作用。带教导师可提供自己日常板书的案例,供见习教师学习和分析,也可以引导见习教师系统了解板书设计的原则、技能和方法,理解板书设计的生成性和结构性,然后指导见习教师根据教学内容,提炼出主要脉络,并在平时的指导和试教中帮助其调整板书内容和设计形式。

6. 教案撰写用语不规范

(1) 具体表现

教案用语偏向口语化;专业用词不准确;语言表达拖沓重复,不简洁。

(2) 指导策略

带教导师第一次帮助见习教师修改教案时,最好能够逐字逐句地修改,指出不恰当的地方并指导修改,帮助见习教师规范语言表达。

(三) 考评课教案案例分析

见习教师设计一份合格的教案,必然要历经几番打磨。根据调查,每位见习教师考评课的教案从初稿到终稿,在带教导师的指导下都经历过数次修改。下面以一位见习教师考评课教案的设计修改为例加以分析和说明。

《昆明的雨》教学设计(初稿)

上海市实验学校南校 黄岩辉

[教学目标]

1. 能够概括昆明的雨及雨季中的景、事、物的特点,理解昆明的民俗风情。

2. 品析关键句,体会作者对过往生活的怀念之情。

3. 把握文中叙写景、事、物的线索,体会本文形散神不散的特点。

[教学重点]

概括昆明的雨及雨季中的景、事、物的特点,理解昆明的民俗风情。

[教学难点]

感受写景抒情散文,体会作者对昆明的怀念之情。

[教学过程]

1. 这篇课文题目是《昆明的雨》,同学们预习后,知道昆明的雨是什么样子吗?

预设:不知道。

明确:这篇文章并没有写昆明的雨,而是在写雨中的景、事、物。请同学们速读课文,找一找写了昆明雨季中的哪些东西。

$$
\text{雨季里的}
\begin{cases}
\text{仙人掌} \\
\text{各种菌子} \\
\text{杨梅} \\
\text{缅桂花}
\end{cases}
$$

2. 昆明的雨季中有很多东西可写,为什么作者偏偏选择这些?它们具有什么特点?

齐读课文第7小节,品读关键句。

我确实亲眼看见过倒挂着还能开花的仙人掌。

惊讶于仙人掌生命之顽强,可见昆明雨季空气的湿润。

旧日昆明人家门头上用以辟邪的多是这样一些东西:一面小镜子,周围画着八卦,下面便是一片仙人掌。

家家户户用仙人掌辟邪,可见仙人掌在昆明比较常见,亦是一种民俗风情。

由此可见,作者选择仙人掌是因为惊讶于它们的生命力顽强,间接写出了昆明雨季空气的湿润。且在生活中常常见到,家家户户都用它辟邪,所以也算是昆明的一种风俗。

从种类的角度划分,作者写完仙人掌,接下来应该写缅桂花了呀!毕竟两者都是供人观赏的植物,为什么作者接下来写的是各种菌子?怎么突然写了吃的东西?

明确:写景抒情散文中,景物描写要按照一定顺序,如时间、空间、逻辑。这里作者使用的是逻辑顺序——从主到次。

（续表）

默读课文 1~2 小节。

作者应邀要给朋友画一张画,要有昆明的特点,作者画了哪两种植物?

明确:仙人掌和菌子,可见在作者心中,仙人掌和菌子最能体现昆明的特点。因此是按照心理上的主次顺序写的。

接下来,让同学们顺着作者的思路看一看昆明的菌子有哪些特点。

默读第 8 小节,品读关键句。

雨季逛菜市场:随处可见各种菌子(种类多,PPT 展示图片)。

牛肝菌:很好吃("牛肝菌色如牛肝,滑、嫩、鲜、香。")。

句子变形:"牛肝菌色如牛肝,口感鲜嫩顺滑,味道很香。"与原句有何区别?

青头菌:浅绿色,格调比牛肝菌高。

鸡枞:味道鲜浓,无方可比。

干巴菌:中吃不中看。

鸡油菌:中看不中吃。

明确:雨季中菌子随处可见,也是昆明的一大特点。(补充常识:下雨后,菌类会迅速生长,因此雨后菜市场菌子随处可见),从价格、味道、外表三个方面描写昆明雨季中的菌子,并将它们进行比较,富有生活气息。

可见仙人掌和菌子是作者在云南生活时最常见的事物,也能代表云南的特色。所以当作者在写作时,最先写了它们。那么杨梅和缅桂花呢? 为什么作者写昆明的雨,会想到它们? 请齐读第 9 小节。

雨季中的果子是杨梅(杨梅是雨季中的果子,围绕雨季选择所写事物)。

"这个名字起得真好,真是像一球烧得炽红的火炭!"

比喻句,把杨梅比作烧得炽红的火炭,形象生动地写出了杨梅黑红的颜色,流露出作者对杨梅的赞美与喜爱。

"我吃过苏州洞庭山的杨梅、井冈山的杨梅,好像都比不上昆明的火炭梅。"

对比,突出昆明火炭梅的味道好。

"我在家乡看到的白兰多是一人高,昆明的缅桂是大树!"

对比,突出昆明缅桂树的高大与家乡的不同。感叹号加强语气,写出了作者的惊讶。

作者不仅写了杨梅,还写了卖杨梅的女孩子,这样写有什么效果?

"卖杨梅的都是苗族女孩子,戴一顶小花帽,穿着扳尖的绣了满帮花的鞋,坐在人家阶石的一角,不时吆喝一声:'卖杨梅——'声音娇娇的,她们的声音使得昆明雨季的空气更加柔和了。"

"房东和她的养女搭了梯子上去摘,每天要摘下来好些,拿到花市上去卖……时常给各家送去一些。"

（续表）

明确:不仅写景,亦写人的活动。卖杨梅的女孩子与房东给房客们送缅桂花都是在写昆明的民俗风情——民风淳朴,雨中的景、事、物带给人一种柔美温和的感觉。

总结:文章所叙景、事、物较多,写了友人赠画,写了仙人掌、各种菌子、缅桂花,写了昆明的民俗风情(门头挂仙人掌)和昆明雨季人的活动(家家饭馆卖炒牛肝菌、苗族女孩子叫卖杨梅、房东给房客送缅桂花等),这些景物杂而多。然而所叙之事虽多,却都是围绕着一个核心,从行文线索上来说,整篇文章都是围绕昆明雨季写的。雨季中的仙人掌、菌子、杨梅、缅桂花,雨季中人的活动,作者信笔写去,靠的是感觉,换句话说是一种情感。

3. 请同学们结合文章结尾"我想念昆明的雨",思考作者对昆明的雨是一种怎样的情感?

明确:赞美、怀念。

散文常用的抒情方式:寓情于景、借景抒情,通过修辞手法,如比喻、拟人、对比、排比等,来表达自己的情感。

默读5~6小节。

作者开篇便写了对昆明雨季总的印象。

"我不记得昆明的雨季有多长……好像是相当长的。但并不使人厌烦……我觉得昆明的雨气压不低,人很舒服。"(喜爱、赞美)

"昆明的雨季是明亮的、丰满的,使人动情的。昆明的雨季是浓绿的,草木的枝叶里的水分都到了饱和的状态,显示出过分的、近于夸张的旺盛。"(在景物描写中流露出对昆明雨季的喜欢)

默读20~21小节。

"四十年后,我还忘不了那天的情味,写了一首诗:

莲花池外少行人,野店苔痕一寸深。

浊酒一杯天过午,木香花湿雨沉沉。

我想念昆明的雨。"

作者忘不了的是一种怎样的情味?

明确:一种诗意、闲适的情味。

文章两次写到"我"想念昆明的雨,作者想念的仅仅是昆明的雨吗?结合课文内容,用"我想念……"句式,说一说作者想念的还有什么。

明确:一段过往的生活、一种闲适的生活等。

汪曾祺的散文没有苦心经营结构,也不追求主旨的玄奥深齐,而是平淡质朴,娓娓道来,如话家常。以个人化的细小琐碎的题材,使"日常生活审美化",以平淡、含蓄、节制的叙述,让真与美的日常生活回归散文。

这是一位见习教师设计的教案初稿,教案的设计采用详案的写法,对整节课的教学进行了详细的设计。其中存在不少问题,例如,缺少教材分析和学情分析;教材内容的解读比较浅显,不够细致和准确;教学过程的组织参照了较多教学资料,将各种材料拼接成教案,教案内在也缺少逐层递进的内在逻辑;教学目标的制定较多,教学重点和难点不合理,未能抓住关键点;缺少板书设计和作业布置的思考。在带教导师的指导下,见习教师经过五次修改后,形成了一份合格的教案。

《昆明的雨》教学设计(终稿)

上海市实验学校南校　黄岩辉

一、教材分析

本单元学习的散文类型多样,或写人记事,或托物言志,或阐发哲理。《昆明的雨》是一篇写景抒情散文,应当引导学生从作者笔下的景和物中体会作者的情感,从而把握文章的中心。散文具有"形散神不散"的特点,要从景与情的关联中,引导学生把握文章的"神"。

二、学情分析

学生语文基础良好,班级大部分同学对不同散文的阅读方法已有了解。

三、教学目标

1. 了解昆明雨季中景物的特点,体会作者对昆明生活的喜爱与怀念之情。

2. 学习作者拾取生活中琐细事物的写法,体会本文形散神不散的特点。

四、教学重点

体会作者对昆明生活的喜爱与怀念之情。

五、教学难点

体会本文形散神不散的特点。

六、课时

1课时。

七、教学过程

导入:今天我们来学习一篇写景抒情散文——《昆明的雨》,作者汪曾祺。

1939年夏,汪曾祺以第一志愿考入西南联大中国文学系。在昆明作者度过了人生中重要的青年时代,汪曾祺以昆明生活为描写对象的作品共有43篇,其中小说8篇,散文35篇,可见昆明给汪曾祺留下了不可磨灭的记忆。接下来我们就来看看作者笔下昆明的雨(PPT展示)。

(一)感知内容

1. 快速浏览课文,找出直接写昆明雨的句子,概括昆明雨季的特点。

（续表）

"昆明的雨季好像是相当长的。但并不使人厌烦……我觉得昆明的雨气压不低,人很舒服。"

"昆明的雨季是明亮的、丰满的,使人动情的。昆明的雨季是浓绿的。"

没错,这篇文章在开始就交代了作者对昆明雨季的感受。昆明的雨季虽然相当长,但并不使人厌烦,让人很舒服。昆明雨季是明亮的、丰满的,使人动情的。

2. 文中哪一句话直接写出了作者对昆明雨的情感?

齐读:我想念昆明的雨(第3小节)。

3. 作者想念昆明的雨,却不直接写雨,而是写了雨中哪些景物?（板书）

仙人掌:多且极肥大

菌子:极多且味道鲜浓

杨梅:大且味美

缅桂花:香

木香树:大

在雨的滋养下,这些景和物呈现出一种旺盛的生命力。

（二）体悟情感

过渡:为什么作者先写"仙人掌"和"菌子"?

明确:具有昆明的特点（"宁坤要我给他画一幅画,要有昆明的特点"）。

这些景物承载着作者对昆明的记忆,以及对昆明的情感。

我们来看一看,这些景物具体承载了作者怎样的情感。

1. 仙人掌

提问:除了多,仙人掌和菌子还有什么特点?

我确实亲眼看见过倒挂着还能开花的仙人掌。（生命力顽强）

变形:

我见过倒挂着能开花的仙人掌。

我亲眼见过倒挂着能开花的仙人掌。

我确实亲眼见过倒挂着还能开花的仙人掌。

情感:惊叹仙人掌生命力之顽强,突出昆明雨季湿润的特点。

"昆明仙人掌多,且极肥大。有些人家在菜园的周围种了一圈仙人掌以代替篱笆。——种了仙人掌,猪羊便不敢进园吃菜了。仙人掌有刺,猪和羊怕扎。"

提问:作者为什么要反复解释用仙人掌代替篱笆的原因?

明确:担心读者不知道,这种做法只有昆明才有,比较稀奇。"猪和羊怕扎"也交代了篱笆防的是牛羊,不是人。设想当作者路过一个由仙人掌围着的菜园时,他会有什么感受。

（续表）

明确:觉得稀奇、有趣,于是这样的画面深深地留在了作者心中。雨季中的仙人掌,承载着作者眼中昆明的特色。

2. 请同学们按照老师这种推敲的方式,说一说雨中的菌子和杨梅承载着作者怎样的记忆与情感。

预设1:牛肝菌色如牛肝,滑,嫩,鲜,香,很好吃。

提问:这些逗号能去掉吗?

明确:逗号表示短暂的停顿,可以突出内容。短短的一句话,用了五个逗号,在句式上叫作短句,其好处就是简洁明白。你能读出作者所强调的内容吗?

预设2:干巴菌"这种东西也能吃?!""这东西这么好吃?!"

特殊标点符号的使用,同样的标点符号,表达情感不同(怀疑、惊叹)。

情感:喜爱与赞美。

预设3:这个名字起得真好,真是像一球烧得炽红的火炭! 一点都不酸! 我吃过苏州洞庭山的杨梅、井冈山的杨梅,好像都比不上昆明的火炭梅。

明确:"真""都是"属于副词,表示程度或者范围,在表情达意上,有着重要作用。可以使情感更加强烈。大家来齐读一遍,我们把这些字重读出来看看会有什么效果。

当我们把这些程度副词重读出来的时候,作者对杨梅的喜爱与赞美之情自然就显露出来了。

总结:菌子和杨梅非常好吃,承载着作者对昆明雨季中食物的记忆和怀念。仙人掌和菌子都是生活中常见的,在普通、平凡的食物中发现美,正是汪曾祺散文的一个特点。

3. 除了对食物的记忆,作者对昆明雨季中的人是什么印象?

"卖杨梅的都是苗族女孩子,戴一顶小花帽子,穿着扳尖的绣了满帮花的鞋,坐在人家阶石的一角,不时吆唤一声:'卖杨梅——',声音娇娇的。她们的声音使得昆明雨季的空气更加柔和了。"

提问:卖杨梅的苗族女孩子有什么特点?(声音娇娇的、很温柔)

过渡:雨季中,不仅有大且好吃的火炭梅,还有苗族女孩子温柔的叫卖声,这样的雨季又怎能不让作者喜爱和想念。别人眼中普通、平凡的食物,甚至不起眼的小贩,都成了作者眼中美的享受。善于从生活中发现美和诗意的作者,把眼前的"一草一木""一粥一饭"过成了诗和远方。昆明的雨季真美啊! 除了卖杨梅的小姑娘,雨季中还写了谁?

"她大概是怕房客们乱摘她的花,时常给各家送去一些。有时送来一个七寸盘子,里面摆得满满的缅桂花! 带着雨珠的缅桂花使我的心软软的,不是怀人,不是思乡。"

昆明并不是作者的家乡,作者不远千里,背井离乡来到昆明上学,对于像作者这样的学生或者逃难的人来说,房东送来的仅仅是缅桂花吗? 带着雨珠的缅桂花,使我的心软软的,不是怀人,不是思乡,是满满的什么?

（续表）

预设:温暖、感动、人情味儿……

过渡:房东是一个寡妇,也没有经济来源,而且还带着一个养女。可见生活是比较拮据的。可是,她依然把珍贵的缅桂花送给在异乡求学的作者。因此,不是怀人,不是思乡,应该是满满的感谢、温暖、感动,或者说是人情味儿。

总结:大家可以看到,在雨中昆明的人留给作者怎样的印象?

明确:温柔、善良、富有人情味儿。这样的人性美怎能不令作者赞美和怀念?哪怕过了几十年,作者回忆起昆明生活的时候,依然会想到她们,这是作者在寻常的人事中收获的温暖和感动。

4. 昆明的雨季中,有没有写作者的活动?在第几小节?（第10小节）

"我和德熙在一个雨停的早上去看莲花池,因为下雨,被困在一个小酒店喝酒。"

提问:第10小节的第一句话写道:"雨,有时会引起人一点点乡愁的。李商隐的《夜雨寄北》就是为许多久客的游子而写的。"《夜雨寄北》这首诗和作者有什么联系?

明确:都是在下雨天,从"积雨少住"可以看出,雨连绵不断。都客居他乡。

提问:茂盛的木香花被雨水淋得湿透了,结合诗句"木香花湿雨沉沉"可知当时的雨非常大,在这样的环境下作者此时会想到什么?

总结:这篇文章的写作时间是1984年,回忆的是40多年前的一段时光,那段时间正是抗日战争时期,作者客居昆明,有家难回。被雨所困时,难免会想到自己的家乡。但这种乡愁不是直接说出来的,而是蕴含在景物所营造的氛围中,因此是淡淡的,这就是汪曾祺语言的特色,虽然平淡却意味深远,很有味道。

最后一小节,作者说"我想念昆明的雨",读到这里,同学们应该已经知道了作者想念的是什么。

（三）形散神聚

1. 本文描写的景、物、事看似混乱,实则是由一条线索贯穿起来的,那就是——雨（板书:雨）,文中所写之物都和雨有关。雨季里倒挂着还能开花的仙人掌,雨季里的菌子,雨季里的杨梅和缅桂花,还有雨季里的经历。（PPT展示）

2. 散文具有"形散神不散"的特点,本文的"神"是什么?

A. 昆明的雨

B. 雨中的人和物:仙人掌、菌子、缅桂花……卖杨梅的女孩子、房东

C. 雨中人和物所承载的记忆与情感

D. 作者对昆明生活的喜爱与怀念之情

雨是线索,串联起雨中的人和物（仙人掌、菌子、杨梅、缅桂花、木香、卖杨梅的女孩子、房东）,雨中人和物承载的记忆与情感加起来其实就是作者对昆明生活的喜爱与想念之情。

（续表）

汪曾祺被誉为"中国最后一个纯粹的文人,中国最后一个士大夫",读完《昆明的雨》,有一句话回荡在我心里:"人间有味是清欢"。老师也想给汪曾祺先生的散文奉上两句赞叹:语言平淡有味道,凡人小事蕴深情。

八、板书设计

九、作业

比较阅读琦君的《下雨天,真好》,从情感、线索、写作手法等方面比较与本文的异同,完成一篇不少于300字的随笔。

经过对比不难发现,从初稿到终稿,教师的设计越来越规范,课堂用语也越来越简洁、精准到位。对于学生对文章的理解,教师突出了难点和重点,并预设了问题,将学生的思考一步步引向深入。这样的思考符合学生的理解规律,脉络清晰,主次分明。板书设计也简洁明了。除此之外,终稿增加了作业部分,给学生布置了仿写要求,以便让学生进一步理解和应用散文文体。

四、考评课中对见习教师课堂教学行为的指导

规范的课堂教学行为是教学效果的基本保障,也是教师教学能力的重要体现。教学管理者通过教师的课堂教学行为检验其教学工作情况,并进行评价,对见习教师的考核也是如此。因此,带教导师对见习教师课堂行为的规范与打磨是考评课的重中之重。依据教师课堂行为的分类,带教导师可从见习教师的言语行为、师生互动行为和组织管理行为三个维度进行指导。

(一) 课堂教学中的教师言语行为

教学言语行为是课堂教学的基础与核心。教师的言语表现形式多样,言语行为可分为有声言语行为(口头言语)和有形言语行为(体态言语)(见表3-5)。

表 3-5 教师课堂言语行为分类表

一级指标	二级指标	主要考察点
有声言语行为	教学口语单向表达行为	语流
		语气
		词句
	教学口语双向交流行为	提问
		反馈
有形言语行为	体态言语行为	姿态
		表情
		手势
	板书交流行为	板书或课件的设计
		板书或课件的呈现

1. 课堂教学有声言语行为

教师有声言语行为指教师通过发声传达交流教学信息的行为,也称教学口头言语或教学语言,是教学信息传达交流的主要方式。教师有声言语行为由单向表达行为和双向交流行为构成。

(1)教学口语单向表达行为

口语单向表达行为指由教师单方面通过口头发音向学生传达教学信息的行为,包括语流、语气和用词用句。

语流:言语操作活动行程的语言行为进程。语流由音、律、调结合而成。音是指单音、单词和语句的发音及其重音;律是指节奏,即发音的轻重、长短、快慢等现象;调是指语调,即说话或朗读时声音的升降和高低变化。

语气:教师口语中确切词语信息之外的附加意味,是人们进行口头言语时用言语的力度、幅度、速度和间断来表达自己的情感或暗示某种意图的手段。

词句:口语中确切信息意义的载体,包括较少的基本信息载体单位语句和由语词连接组织而成的较大载体单位语句。词和句是教学口语技术的核心。词句操作的要领是简练和逻辑性(见表 3-6)。

表 3 - 6 教学口语单向表达行为评价标准

语流	标准一:声音饱满洪亮,口齿清晰。
	标准二:发音准确,普通话标准。
	标准三:表述流畅,无梗塞或违背教学需要的停止现象。
语气	标准一:语速适宜。
	标准二:语调适中,与讲课内容配合恰当。
	标准三:语言生动,表达富有感染力。
词句	标准一:词句精简,无赘词赘句、无意义重复、无口头禅等。
	标准二:词句间逻辑严谨,中心明确,语法规范。

（2）教学口语双向交流行为

教学口语双向交流行为指教师与学生相互交换传递教学信息的操作,包括提问和回答技术。

提问:在一定的情境下,教学的一方为促进学习而向教学的另一方提出问题解决的任务的教学行为,是教学过程中教师和学生之间常用的一种相互交流的教学技能。提问水平是衡量教师教学水平的重要综合指标之一,具有了解教学、组织教学和检验教学三大功能。

回答:教师在课堂上针对学生的发言进行回应。回答技术是课堂执教双向交流的重要环节。针对学生的反应,教师及时、合理地进行应答,并借此把课堂教学推进一步,这是课堂教学双向交流技术的另一组成部分(见表3-7)。

表 3 - 7 教学口语双向交流行为评价标准

提问	标准一:有提问。
	标准二:提问有意义、准确、合理,具有可答性。
	标准三:提问涉及面广,并无涉与教学内容相关的课堂知识以外的知识点。
回答	标准一:回答及时、态度中肯,无听而不答,无打击学生积极性的言语。
	标准二:联系相关知识,引导学生思路,启发学生思维。

2. 课堂教学有形言语行为

教学有形言语指教师通过可视形态传递和交流教学信息。可视形态的言语分为两大类:体态言语和板书言语。

（1）课堂教学体态言语技术

有声言语的有效表达需要肢体言语来配合。教师一方面需要通过语音、语调来阐释讲解,一方面需要靠眼神、表情、手势和姿态来辅助有声言语来表情达意。教学体态言语是指教师通过除口头语以外的全身各部位的动作来传达教学信息,包括教师在课堂上的姿态、手势、表情甚至外表修饰等。

姿态言语:教师的头部、颈部和身躯部位的相应部位所传达出来的会影响教学内容的相关信息,主要包括教师的站姿、行姿和坐姿。

表情言语:教师通过脸上的肌肉活动,如眉、眼、口、鼻形状的变化来传递信息。表情语是最丰富的交流情感的体态言语,其中目光和微笑在课堂教学中运用得最为广泛。

手势言语:教师运动自己的双手双臂来传达教学信息和管理教学。

外表修饰:教师的故事、发型、美容化妆等传递出来的信息。

课堂教学体态言语的具体评价指标见表3－8。

表3－8 课堂教学体态言语行为评价标准

姿态	标准一:仪态端庄,服饰整洁、合体。
	标准二:站姿授课,身躯端正,重心垂直,脚平稳,头平抬,挺胸收腹;坐姿授课,在标准站姿的基础上保持适当的腿位;行姿授课,在标准站姿的基础上开步从容大方,不拘谨。
表情	标准一:把握目光的视角、长短和软硬程度。
	标准二:笑容适度,具备亲和力。
手势	标准一:手势自然大方,不拘谨,不僵硬,没有无意义的机械手势。
	标准二:表情达意。
	标准三:与其他教学行为相配合。

（2）课堂教学板书言语技术

板书言语指教师在黑板或屏幕上书写或呈现文字、图表等以传达教学信息的操作行为,包括板书或课件的设计和呈现,评价标准见表3－9。

表3-9 课堂教学板书交流行为评价标准

	标准一:工整。
	标准二:直观、形象,内容完整,重点突出。
板书或课件的设计	标准三:设计新颖。
	标准四:逻辑严谨,层次清楚。
	标准五:具有一定的艺术性。
	标准一:操作熟练。
板书或课件的呈现	标准二:呈现的时间与教学进程相匹配。
	标准三:呈现的时间与口语和体态相呼应、配合。

(二) 课堂教学中的师生互动行为

师生互动行为指在课堂有效教学条件下,教师和学生基于平等的师生关系,为了实现预期教学目标和任务,运用教学手段在合理设计的问题解决活动过程中进行的相互影响和相互作用的对话活动。课堂教学中的师生互动行为表现很多,通过感官可以直接观察并测量的互动行为有讲述、提问、呈示、倾听、引导、答问、参与、质疑、反馈、评价等。课堂教学中教师与学生之间彼此互动和共同发展,可以有效培养学生解决问题的思维、对待事物的态度等。课堂中的师生互动具有以下特征。

第一,强调以"学"为中心。这里的"学"既包括学生本身,也包括学生的学习。也就是说互动中教师应视学生为课堂主体,促进学生的思维成长。

第二,重建课堂角色。教师在互动中的主要职责是帮助学生解决在学习和讨论中出现的分歧、提醒学生参与学生活动、帮助学生学会论证、鼓励学生自主协调、点评小组成员之间的观点冲突等。在这种互动过程中,学生所表现出的描绘、比较、解释、辩论等行为,使课堂话语时间明显增多。

第三,促进对话与理解。在教师与学生对话的过程中,如果教师不断引导学生的高阶思维,而不是否定学生回答问题的答案,那么学生便会积极配合,不断思考并回答教师的提问,使互动得以持续,反之,则会保持沉默,互动不但未能实现预期目标,而且会不时中断。

(三) 课堂教学中的组织管理行为

组织行为学的观点认为,学校是一个组织,课堂也是一个组织。有组织便需要有管理者,在课堂教学中教师便是这个管理者。课堂中的组织管理是指为顺利开展课堂活动进行的计划、组织、控制、监督等过程。

1. 活动组织行为

活动组织行为是指教学过程中教师对教学活动的组织与把控,强调活动进程中的秩序性。要求能够使学生在教学互动中与教师密切配合、遵守课堂纪律,保证课堂活动有序、顺畅进行,预防、制止课堂的分心行为和问题行为。

2. 空间调动行为

空间调动行为是指教学过程中教师在教学空间中的运动行为。教师不应始终站在讲台上,而应在学生中适度走动,尤其是在提问时应走到学生跟前,这可以体现教师对学生的尊重,拉近师生之间的距离,凸显课堂教学过程中以学生为中心的教学理念。

3. 时间管理行为

时间管理行为是指教师通过科学统筹教学时间,高效利用学生在课堂教学中注意力高度集中和学习兴趣高昂的时间节点进行重难点的教学。教师能够在 40 分钟的时间里将教学内容有效传授给学生,准时上下课,没有迟到和拖堂的现象。

（四） 见习教师课堂教学常见问题与指导策略

1. 课堂教学用语质量低

（1） 具体表现

在教学初期,见习教师的课堂教学用语存在诸多问题。例如:表述啰唆,反复解释知识点,抓不准核心词;表达口语化,用词专业性不够;反复无意识地使用低效口头禅,如英语教学中的 ok then、you know 等。

> 🖐 小贴士
>
> 带教导师应认真分析见习教师的课堂用语,可结合课堂观察一节的技术,自行设计记录表,以帮助见习教师规范课堂用语。

（2） 指导策略

可以指导见习教师写出详稿,从知识点讲解到过渡性言语再到总结都进行详细描述,之后对言语进行精简;另外应注意专业术语表达的准确性,有意识地减少低效口头禅的使用。

2. 课堂提问行为水平不高

（1） 具体表现

见习教师设计的问题过于简单、宽泛,指向性不强,且表述不准确、问题缺乏逻辑性等。这样的低水平提问,无法让学生理解问题的真正意图,更不利于促进学生的思考。

(2)指导策略

根据课程标准和教学目标来设计问题,使提问指向更加明确;把握提问的逻辑性与难易度;要有暗示性的提问;站在学生的角度回答自己提出的问题;尽可能让更多学生参与到课堂讨论和回答中来。

3.课堂行为过度依赖多媒体

(1)具体表现

见习教师过多依赖多媒体,所有授课内容都在多媒体上呈现,甚至没有多媒体则无法进行授课。

(2)指导策略

加强课件制作水平,只呈现关键信息;使用作业单。

4.不能有效引导课堂讨论

(1)具体表现

课堂讨论环节中,见习教师容易大部分时间都站在讲台上巡视学生纪律,而不参与学生小组讨论,导致讨论环节流于形式,变成"说闲话"的环节,不能真正实现课堂讨论的目的,降低了教学效果。

(2)指导策略

教师要使学生明确讨论或研究的主题,明确应完成的任务以及讨论的步骤。教师应主动参与学生讨论,并帮助学生明确讨论方向,向学生提供必要的知识与信息,将学生可能遇到的难点提前写在黑板上。

5.课堂表扬能力有待提高

(1)具体表现

见习教师的课堂表扬用语单一,缺乏针对性,容易造成学生的听觉疲劳,反而使学生降低学习兴趣。

(2)指导策略

课堂表扬应真诚、详细且具体,让学生清楚自己受到表扬的原因。

第三节　有效指导班会活动

　　带教中,陶老师发现所指导的见习教师平时与学生相处融洽,不但在教学过程中能进行德育渗透,还能通过班内调查、个别交谈等形式对学生进行思想教育。但在班会中,却往往出现前半节讲要求、讲规范、讲纪律,后半节无话可说或整节课一言堂的情况。通常豪情万丈演讲后,学生当堂收益大,但持续时间很短,缺乏实效性。于是陶老师通过班会活动的主要环节对见习教师进行有针对性的指导,从而培养见习教师设计班会的能力,提高他们对学生进行思想教育的能力。

一、主题班会的概述

(一) 主题班会的定义

　　主题班会是向学生传授书本知识的运用方法及做人的道理,是学校教育活动的重要组成部分,也是班主任对班级学生进行品德教育的一种有效方式。班会课常见的形式有班级例会和主题班会两大类。

　　班级例会一般是以针对学生的常规教育为主的班级学生会议,目的是使学生能自觉遵守学校和班级规则,强化纪律观念,以保证班级正常的秩序和学生健康成长。班级例会的内容多样,包括学校常规教育、班集体成员存在的问题,或班级学生学习、生活、健康等方面的共性问题,以及一些偶发事件的处理等。

　　主题班会是在班主任老师的精心指导下围绕特定的主题,有计划、有组织地进行的一种教育活动。相比班级例会,主题班会更具有针对性和感染力,在教育学生和管理班级中发挥着十分重要的作用。主题班会由教师引导,学生直接参与,师生共同准备,收集整理资料、共同学习、共同讨论。同时主题班会课具有相对自由的上课模式,强调师生思想上的沟通和行为互动,由灌输式、结论式的教育模式转变为体验式、感悟式的自我教育模式,可使学生在语言表达能力、逻辑思维能力、组织能力及创造性思维上都得到一定程度的发展。教师充分利用主题班会,可以达到事半功倍的教育效果。

(二) 主题班会的功能

德育渗透于一切的教育活动之中。常规班级例会、主题班会、课堂教学、活动课、学科竞赛、劳动锻炼、社会调查、师生交谈等都可以对学生进行思想教育。而主题班会因针对性强,感染力大,教育面广,也成为学校德育的主要渠道之一。各阶段学生的心理趋向存在差异,并且教育目标不同,突发事件所带来的影响也不同,德育工作重点应因其特殊性而有所侧重。一般来说,主题班会在一定阶段会围绕某个主题开展,对学生进行思想品德教育,具有强烈的导向性,告诉学生应该做的与不应该做的,最终发挥对学生的鞭策和激励作用。除此之外,还可以集中对学生进行科学审美、个性心理及社会实践等各种能力的培养,如日常生活中的行为仪表、文明礼仪、课堂纪律、学习态度、活动实践等。摆脱了枯燥说教的主题班会,可以使学生更易于在平等、宽松的课堂或户外活动的氛围中,准确发现自身及班级存在的问题,并及时改进。若班主任加以周密的准备,势必使教育的单纯说教变成思想的碰撞和心灵的交流,达到润物细无声的效果。同时,在及时有效地对学生的错误想法或行为偏差等进行批评和纠正的过程中,更容易构建起积极向上、刻苦学习、求实务实的班风班纪,从而增强班集体的凝聚力。

因此,带教导师指导见习教师掌握主题班会的设计与实施具有重要意义,可以使见习教师不断成长进步,形成立德树人的教育思想,更好地发挥主题班会的教育作用。

二、主题班会的指导策略

主题班会具有明确的计划和内容,需要带教导师在主题班会内容选择、主题班会开展策略、主题班会课堂观察和主题班会的总结深化等方面对见习教师进行具体指导。

(一) 主题班会的内容

学生正处于长身体、长知识的阶段,同时也是世界观逐渐形成的重要时期。

班会课的主题和内容,首先要有针对性,这也是主题班会课的生命力所在。主题可选取学生共同关心的社会现象、学校重大事件、班级普遍性或具有倾向性的问题或个案等,以引起学生的注意。在内容上,既要贴近学生的学习和生活实际,让学生看得见、摸得着,又要符合学生的心理特征、年龄特点和认知水平。否则,即使学生对主题内容有兴趣,也因难以展开思考而无法参与其中,难以实现教育效果。

主题班会的选题还要抓住时机,即要善于发现并把握有利的因素,使主题班会的内容更切合学生当时的心理。比如,在考试前宜选择学法探讨的主题,考试后可选择纪律教育和挫折教育等主题。

主题班会的主题应选择积极向上的内容,因为这对于学生良好学习习惯的养成、美好情操的培养等起着不可忽视的作用。除配合学校的重大活动外,还可针对不

> ☺ 小贴士
>
> 主题班会主题的选取主要有两个方向,一方面是干预已经发生或正在发生的问题,另一方面是预防可能出现的问题。

同年龄阶段的学生最有感触和谈论最多的问题开展。例如,初二年级,可以针对青春期知识开展"青春,人最宝贵的年华"的主题班会,初三年级,可以针对学习经验交流活动开展"温故知新谈复习"的主题班会,高中可围绕青春、奋斗、拼搏,开展"珍惜青春时光,实现人生价值"的主题班会。也可以针对某一阶段班级出现的问题,或结合学校工作安排,或相应的节日等确定具有教育意义的主题。例如,母亲节前可以组织"为了母亲的微笑"主题班会,培养孩子对母亲的爱。

1. 小学和初中低年级主题班会的内容确定

小学生和初中低年级学生尚未形成集体观念,还未养成以主人公的姿态关心班集体的心理品质。班干部缺乏管理能力,还未树立威信。因此主题班会应以对学生的集体主义教育为重点,使学生懂得个人与集体的关系,认识到良好的班集体有利于自己的健康成长,个人的努力和荣誉也会为集体添彩。

(1)集体荣誉感教育

班级组建初期,学生来源不同,因而学生通常会缺乏对集体的认同感,所以应将集体主义教育放在首位。

(2)道德品质教育

可以结合节日、纪念日等来确定主题,如"党的生日""八一建军节""教师

节""五四青年节"及学校"科技节"等,开展有针对性的教育,引导学生志存高远,自强不息,严于律己。

（3）行为习惯养成教育

良好习惯的养成是学生健康成长的保证。可以利用主题班会及各学科的课堂教学对学生进行教育,潜移默化地对学生进行文明行为习惯教育,教会学生做人的道理。也可以组织学生学习《中小学生守则》《中学生日常行为规范》等,对照进行教育训练,使学生的言行举止受到约束和引导,帮助学生将良好的行为习惯、交往习惯、生活习惯、审美习惯等不断内化为自身的基本素养。

（4）理想信念教育

对学生进行科学的世界观、人生观、价值观的引导和教育,让学生懂得树立理想的重要性,认识到自身的不足,激励学生为理想努力拼搏。

（5）学习习惯养成教育

良好的学习习惯和学习品质会成就一个优秀的人。可以通过主题班会帮助学生养成自主学习的意识、掌握科学的学习方法,使学生逐渐养成课前预习,课堂专心听讲、积极思考,课后认真复习和按时完成作业的良好学习习惯。

（6）组织纪律教育

没有纪律不成方圆。好的班集体必须要靠严格的纪律来保障,小学生和初中生通常组织纪律意识较差,所以必须强化他们的组织纪律性。

2. 初中中、高年级主题班会的内容确定

进入初中的中、高年级,学生少了低年级刚入初中时的新鲜感,已经能很好地适应初中生活。很多学生对学习和人生没有目标,即使有目标也容易受到干扰而不坚定,特别是初二年级的学生很容易在学习上出现怠慢期。初三学生由于面临着升学的压力,又常会因自信心不足出现急功近利的想法,当学习结果与期望不符时容易出现焦虑,甚至丧失信心。面对特殊的心理时期,教师需要引导学生放平心态,让学生学会给自己进行积极的心理暗示和自我鼓励。可以开展"向着目标奔跑""志当存高远""树信心,我的理想不是梦""我在成长—责任意识""扬理想风帆,抵成功彼岸"等主题班会,通过故事、演讲等活动,帮助学生对自己进行清晰的定位,寻找自己的理想,确立学习的短期目标、中期目标和长远目标,并能够为实现目标而排除干扰和障碍,积极学习,努力向上。

同时,这一阶段的学生逐渐摆脱稚气,开始进入青春叛逆期,通常他们不愿意接受来自家长和老师的正面教育,但同龄人或网络和影视作品中的一句话、一个场景却会对他们产生很大的影响。因此,带教导师可以指导见习教师通过开展"播种习惯,收获成功""理解、团结、拼搏""文明礼仪""学会自护,警钟长鸣""快乐集体"等主题班会,利用视频、行为讨论交流等形式,帮助学生之间加强了解、增进友谊、提高班集体的凝聚力,也可使学生学会换位思考、学会学习别人身上的优点,引导学生把行为规范的要求内化为自觉的行动,成长为一个遵规守纪、诚实守信、积极向上的初中生,也为最后冲刺中考奠定基础。

3. 高中主题班会的内容确定

高中生的心理特征表现出明显的过渡性,在文化知识的学习过程中,面临着初中和高中、高中和大学知识的衔接与过渡,以及思维特点转换的问题。

(1) 高一主题班会

应针对初中和高中学习方式方法的不同进行适应性教育,让学生尽快了解高中各学科的学习特点,调整原来的学习方式和节奏,快速形成适合自己的学习习惯和步骤。例如,可以选择具有直接指导意义的"学习有妙招""学会独立,冷静思考"等主题班会。另外,高一学生的心理状况也应是班主任关注的重点。经过中考的遴选,原来的优秀学生在高中的优势不再明显,难免产生焦虑,教师可以设计"告别少年,走向青春""沟通,你真的会吗"等主题班会,帮助学生积极应对进入高中后的困难,并减少挫败体验。

(2) 高二主题班会

经过一年的适应性学习和生活,高二学生的学习成绩通常会出现明显差异。对优秀学生来说,由于成绩突出,得到成功的体验,自信心和积极性会更足;而成绩相对较差的学生可能会出现自信心不足,产生偏科或兴趣转移、学习动力不足的现象。针对学生的心理特征,可以开展培养学生面对挫折的"哪里跌倒,就在哪里爬起来""做最好的自我"等主题班会,帮助学生重新规划学习目标,增强自信,进一步挖掘学生的学习潜能。同时也要关注学生的青春期情感教育,给予学生正确的引导。可以开展防止早恋等行为的"人无完人,合力断金""身边的危险"等主题班会,帮助学生树立正确的情感观,以正确处理青春期情感与学业之间的矛盾。

(3) 高三主题班会

进入高三,学生面临沉重的学习负担和升学压力。内心的压力和烦躁、考前的焦虑等不良情绪往往汇集一身。班主任要科学合理地设计主题班会,对症下药,做好学生关键时期的思想工作。在高三初期可开展"如何适应高三""你离名校有多远""压力与动力"等主题班会,帮助学生适应高三学习,激发学生学习的动力。高考临近,学生的压力加大,教师应帮助学生减压,调整心态,可以设计"行者常至,为者常成""寒夜过后自有梅香"等主题班会来缓解学生的压力。

每位见习教师的思考方式都有其独特之处,带教导师须适时恰当地进行点拨,引导见习教师从不同的角度思考,反复揣测后产生出闪亮的思想火花。主题班会的内容确定,也可充分发挥见习教师的能动性。

在讨论班会课选题时,小张老师想法颇多,想出一个接一个的主题,"感恩教育""自强自立""良好习惯的养成"……然后她自己开始纠结该选哪一个? 我说:"不急,你先观察观察我们的学生,多和他们接触,有时可以从'偶然'中发现具有重大教育意义的事情。"小张老师利用午休时间和给孩子们上学科试教课的机会跟学生有了进一步的交流,学生也喜欢和年轻有活力的老师攀谈。

> **🕯 小贴士**
>
> 主题班会的内容切入口不宜过大,要针对具体的教育点开展,做到"小";应实实在在地解决问题,做到"实";同时还要能激发学生的兴趣,做到"趣"。

一个星期后,我问小张老师对学生的了解如何,她说:"有的孩子很活泼,爱表现,有的孩子比较内向,不太积极,但其实真抽他回答问题还是挺不错的。"我说:"是的,七年级的孩子在认知和性格上开始分化,有的对自我有了比较客观的认识,有的还是比较懵懂,伴随着生理上的变化,他们的性格也开始变化。"说着说着,小张老师突然灵机一动说:"那班会课主题就围绕让孩子客观认识自我怎么样?"这个主题的确不错,符合七年级学生的年龄特点、认知水平和心理特征,能让过于骄傲浮躁和过于自卑谦恭的学生看到自己的优缺点,学会自我分析和自我调整。所以这个从"偶然"中发现的主题就这么确定了下来——认识我自己! [①]

案例中,小张老师在带教导师的点拨下,在对本班学生的特点进行深入了解的基础上,恰到好处地确定了班会的主题。

(二) 主题班会的形式

确定好主题后,班会的设计、内容的安排、组织、筹备等工作也是见习教师常

---

① 案例来源:朱幸华老师带教案例,上海市南汇二中,2016 年。

困惑的点,这关乎整个班会课的目标能否达成。见习教师在组织班会之初,往往形式单一,喜欢一味灌输地说教或一言堂,形式单调的班会课难以收到应有的教育效果。因此,带教导师应指导见习教师对班会的组织做好充分的准备,精心组织,采取多样、合适的形式。

主题班会的形式多种多样,最常见的有小品表演、诗文朗诵、相声歌舞、小组知识问答等形式,也可利用多媒体创设特定情境,以增强学生的感性认识。班会内容可以是本班学生的思想情况阶段小结,可以是感恩父母、老师的爱心活动,可以是节日纪念的庆祝活动,可以是学生畅谈理想与信念,也可以是关于道德、纪律等问题的讨论或辩论等。班会课的形式多样,内容具有针对性,才能让学生展示他们的才华,满足学生的求知欲,实现班会应有的教育目的。

需要注意的是,有的见习教师为达到培养学生能力的目的,完全放手让班干部去组织实施整个班会过程,而忽视了教师的指导。因此,带教导师要指导见习教师,作为班主任在整个活动的过程中,要注意活动的整体设计,要对学生进行及时指导,充分发挥教师的主导作用和示范作用。

(三) 主题班会的设计

召开主题班会前,班主任需要做一系列工作,除确定活动的主题和内容外,还要通知班委会成员做好整体策划工作,设计具体可操作的活动方案,筹备班会活动等。前期准备工作越充分,主题班会成功的概率也就越高。本书以高中生"青春与梦想"主题班会为例,对主题班会的过程设计进行详细说明。

召开前

一、确定主题和活动设计的目的

主题:青春与梦想

通过主题班会,帮助学生认识到梦想对人生的重要性,进而找到自己的梦想,并确定为之努力奋斗的决心。

二、成立主题班会筹划小组

可以由班委会成员担任,也可以向全班同学招募负责人,做好策划工作,搜集相关的材料。

三、有序筹备落实

1. 筹划小组需要拟定详尽的活动方案。方案中应对

> 🖐 小贴士
>
> 筹划小组成立前,班主任要面向全体同学发布主题班会的信息,学生自主报名参加并做相应准备。选拔时班主任担任"顾问"和"参谋"的角色。

本次班会活动有明确的目标、具体的内容、清晰紧凑的步骤等。班主任对活动方案给予指导和建议。

2. 确定主持人。主持人应根据主题和内容准备主持稿并熟读,最好可背诵,主持人之间要做到配合默契,要预设活动过程中可能出现的问题。

3. 发动同学,排练节目。筹划小组的负责人在发动学生时,尽量鼓励多种形式的活动,如讨论、朗诵、歌舞、经验介绍、游戏活动。各个节目由节目负责人策划和撰稿,召集参与者进行排练,做到台词、动作等熟练。

4. 多媒体制作。按活动方案进行编排,活动流程、音频视频文件的链接及背景的设置等要和主持稿一一对应,保证技术的无误。

召开时

一、视频导入。主持人开场白:同学们老师们,大家好!今天我们班会的主题是"青春与梦想"。

二、魅力青春——学生歌舞、朗诵节目表演。

三、打开心窗说说心里话——学生交流。

四、讨论《马云的梦想奋斗史中让你印象深刻的一句话》。

五、班歌合唱《最初的梦想》,歌词进取向上,给人以力量,让人由衷感到一种前进的动力和希望。

六、同学们写出自己的梦想。

> **小贴士**
>
> 在主题班会中,主题的点出要简洁明快,让学生尽快进入角色。班主任在班会中的角色是"观察员"和"调控师",出现特殊状况要及时进行干预。

七、班主任总结发言。班会中,学生的认识、讨论并非完全一致,有积极的,也有消极的,有时还有分歧,有些发言往往有片面性和局限性。此外,由于各方面原因学生往往只看到事物的表面现象而看不到本质;有些发言有明显的个人感情色彩,缺乏理性的分析、判断。在这种情况下,班主任要"趁热打铁",及时总结、启发、诱导和点拨。针对班级中存在的学习动力不足的问题,激励学生树立自己的远期梦想,认识到自己今后努力的方向。同时对本次班会活动中学生的表现进行总结和表彰。

召开后

主题班会结束后,趁学生热情未退之时,让学生做出公约,并督促学生在短期内付诸行动。

（四）主题班会的总结深化

班会结束后,对本次班会课要有公允的评价和中肯的分析,成功或失败的原因和主要表现,表现突出的同学,观点值得赞扬和推广的同学,班会存在的不足及原因,今后改进的方向等。如果班会课是失败的,就必须弄清楚主要问题出现在哪个环节,有哪些经验教训值得今后借鉴。教师必须及时与学生交流,一同寻找失败的原因,不能因班会结束而不了了之。

见习教师在班会中常常会投入情感,付出努力,跟学生一起进行思想的互动,力求产生共鸣,但他们往往会忽略很多细节。带教导师需要指导见习教师在整个班会实施过程中,注意收集带有普遍性或典型性的事例、学生的个性认识、是否仍然有未解决的问题等,拟出总结提纲,深化对学生教育的大体构想,以便帮助学生积累经验,引导学生产生情感的共鸣和思想的碰撞。

判断主题班会是否实现了预期的目的,还要及时收集反馈信息并予以研究。可通过问卷调查等形式收集学生对本次班会的看法,虚心听取其他教师的意见,力求使每一次主题班会都更加完美、有实效。此外,召开班会时,学生往往会发现一些问题并产生解决问题的意愿和热情,带教导师应指导见习教师及时抓住学生的这种心理,在总结时与他们讨论,制定出具体措施,并在会后鼓励他们继续执行,这样可以扩大、巩固本次班会的教育成果。

三、主题班会的评价标准

为了让主题班会顺利开展,收到良好的教学效果,带教导师还应引导见习教师了解主题班会评价的几个维度,以便使见习教师在思考设计主题班会时把握核心,做到有的放矢,快速成长。

（一）教育性——主题确定

主题班会的教育目标明确,主题选择的教育性突出,既遵循思想道德建设的普遍规律,又适应学生身心成长的特点和接受能力;引导学生在活动中丰富道德情感,提升生活经验,促进学生道德主体的自我形成、自我发展。

（二）生成性——内容选择

坚持"贴近实际、贴近生活、贴近学生"的原则,把社会要求的思想观念、道德规范与学生的生活经验密切结合起来,挖掘学生生活经验中的道德素材,并抓住班会活动过程中的突发性问题,引发新的道德思考,形成满足学生道德发展需要且让学生易于接受的具体教育内容。

（三）艺术性——过程方法

艺术服务于主题,并贯穿整个活动过程。按照"近、小、亲、实"的原则设置情景,师生在情景中参与活动,师生互动、生生互动,学生在活动过程中得到体验和感悟。采用学生喜闻乐见的形式,用疏导、参与和讨论等方法,使学生乐于参与,让学生真正动起来,用心去看、去想、去做,增强班会的有效性。

（四）主导性——班主任行为

活动过程中教师应充分尊重学生,营造良好的教育氛围,采用开放的活动控制方式,引发和鼓励学生自由展示他们的情感、体验和观点,在活动中使学生学会自主、学会选择、学会创造。在活动中注意适时、恰当的评价,发现并肯定学生的闪光点,引导学生跨越思维障碍,提升精神境界。

（五）主体性——学生行为

主体性主要体现在学生的参与度。班会课应充分发挥学生的主体作用,让学生成为活动的设计者和组织者。班会课的设计应使学生乐于参与、自主体验、有所感悟,进而从中受益。应体现团队精神,让学生善于合作、共同探索,创造性地提出问题并解决问题。

（六）针对性——教育效果

活动圆满完成,目标达成度高,学生通过活动能得到真切的情感体验,确立正确的思想观念和道德价值取向,促进学生道德素质的提高。

班主任工作千头万绪,极其烦琐,带教导师指导见习教师时应循序渐进,刚开始时要求不宜过高,以免让他们对班主任工作产生畏难和厌烦的情绪。主题班会的设计与实施不宜在见习初期着手,应在见习教师对班级学生的特点有一定了解之后再进行。带教导师不仅要告诉见习教师班主任工作的要求,还要耐心细致地进行具体指导,要告知班主任工作的具体内容和完成的方式方法,而不是让见习教师盲目瞎做,花了大量时间却无效果。同样,带教导师应采取有效的指导帮助见习教师尽快适应班主任工作,但绝不应包办或代替,不能只是让新教师跟在后面看,而应让其亲身实践。见习教师只有通过自身实践和体验才能真正了解班主任工作的酸甜苦辣,即使出现暂时的困难,也会在一次次历练中逐渐成长。

第四章

带教导师中阶秘籍

经过一年的带教,带教导师已经初步掌握了规范化培训带教的基本技能。如同见习教师在培训中不断发展、不断成长一样,带教导师在带教中也需要不断成长,不断积累指导见习教师的经验,只有这样,对见习教师的指导才能更具针对性,思考也才能更加深入。本章将为有初步带教经验的导师提供提升带教技能的方法。通过本章的学习,带教导师将了解如何指导见习教师走进专业的听评课——课堂观察、如何指导见习教师走进专业的说课、如何指导见习教师走进个性化评语撰写。

第一节　走进专业的听评课——课堂观察

经过两年的带教,潘老师已经掌握带教的基本法则。然而,精益求精的潘老师发现,除了参加考评课对见习教师的提升较为迅速外,其他方面并不理想。怎样通过日常的带教使见习教师有更快更好的发展呢?潘老师通过尝试开展课堂观察,发现可以帮助见习教师有目的、有针对性地进行听课和评课,从而快速改善自己的教学。何为课堂观察?怎样指导见习教师开展课堂观察?让我们一起走进专业的听评课——课堂观察。

一、课堂观察概述

(一) 课堂观察的概念

课堂观察,顾名思义就是通过观察对课堂的运行状况进行记录、分析和研究,并在此基础上谋求学生课堂学习的改善、促进教师发展的专业活动。作为专业活动的课堂观察与一般的观察活动相比,要求观察者带着明确的目的,凭借自身感官及相关辅助工具(观察表、录音录像设备等),直接(或间接)从课堂上收集资料,并依据资料做相应的分析和研究。它是教师日常专业生活必不可少的组成部分,是教师专业学习的重要内容。[①]

对见习教师而言,通过专业的听评课——课堂观察,可以加深对教育专业的理解和对学生学习的研究,从而促进自己的专业发展。因此,带教导师首先应该让见习教师意识到课堂观察的重要性与必要性,让他们了解课堂观察,学习开展课堂观察的方法并掌握其技巧。

---

① 崔允漷,周文叶.课堂观察:为何与何为[J].上海教育科研,2008(06):51-53.

（二）课堂观察的意义

在传统的听评课中,教师往往就是用一支笔在一本听课笔记上进行记录;有些教师甚至没有任何记录。简言之,只是为听而听,不知道要听什么,也不知道怎样去听,听完课后往往只是三言两语地评课。这样的听评课简单随意、毫无专业性可言并且效率低下,对教师的专业发展无任何意义。

听评课是见习教师一项重要的学习内容。《上海市中小学见习教师规范化培训手册》(第二版)中规定中小学见习教师除平时随班观课外,需有重点有记录地观摩 10 节课,撰写观课报告;观摩并点评 3 节其他教师的课,写出评课报告。[①]《上海市幼儿园见习教师规范化培训手册》(第二版)中规定幼儿园见习教师需观摩导师带教活动,有重点地记录 6 次,撰写观摩学习报告。[②] 这种听评课的关键在于必须是有目的、有针对性、有指向性的观摩。观摩的目的是相互学习,取长补短。因此,要想有效促进教师自身的专业成长,观摩必须有目的、有针对性。换言之,见习教师的听评课必须是有主题、有明确观察目标、能使自身获得专业成长的听评课。

基于此,传统的听评课显然无法满足专业的观课要求。因此,专业的听评课——课堂观察,孕育而生。课堂观察是教师获得实践性知识的重要来源,也是教师搜集学生资料、分析教学方法的有效性以及了解教与学的基本途径。它主要是通过有系统、有计划的观察活动,以及观察后的讨论、分析和批判反思,使教师从中获得教学反馈,将课堂内的事件意义化。要使日常的听评课成为教师专业发展的重要途径,就需要进行专业的听评课——课堂观察。特别是对于见习教师而言,走进专业的听评课——课堂观察,意义更为重大。

首先,课堂观察可以使见习教师在入职之初就避免走弯路,避免陷入传统听评课的困境。听评课不再是为了完成行政领导层布置的任务,而变成了促进见习教师自身专业发展的重要途径之一。

其次,课堂观察可以提升见习教师专业成长的效度。众所周知,见习教师规范化培训中最突出的困境就是培训与工作之间的矛盾,见习教师承受着高强度

---

① 上海市教师专业发展工程领导小组办公室.上海市中小学见习教师规范化培训手册(第二版)[M].上海:华东师范大学出版社,2018:见习培训内容与记录要求.

② 上海市教师专业发展工程领导小组办公室.上海市幼儿园见习教师规范化培训手册(第二版)[M].上海:华东师范大学出版社,2018:见习培训内容与记录要求.

的工作与培训带来的巨大压力,他们的时间和精力尤为宝贵。高质量的课堂观察能让见习教师通过切实的观察、分析与反思,获得实质性的启发与成长,避免了时间和精力上的浪费。

再次,课堂观察可使见习教师针对自身的实际需求与不足,进行有目的、有针对性的课堂观察,借由观察、分析、反思来发现、诊断、解决自己的实际问题,从而更为快速且有效地帮助自己改进教学技能,顺利开启专业化的教学生涯。

最后,课堂观察可使见习教师的研究能力获得提升。观察者即研究者,教学即研究,观察即研究。通过观察后的分析与反思,撰写叙事研究报告、课例报告以及课堂观察实践的经验总结等,使教育研究成为见习教师日常生活的一部分,在这个过程中见习教师可以自然而然地获得有针对性的发展。

二、课堂观察关键环节指导

课堂观察是一项专业行为,进行课堂观察需要一套完整的程序。《课堂观察Ⅱ:走向专业的听评课》一书中提出了课堂观察的五个重要环节,即确立观察点、开发观察工具、进入课中观察、做出推论、撰写观察报告。[①] 对见习教师而言,进行课堂观察应重点解决三个问题:作为观察者我要观察什么? 如何观察? 观察后如何评课与反思? 因此,带教导师需要指导见习教师把握课堂观察的三个关键环节:确立观察点、课堂观察记录、课堂观察反思。

(一) 课堂观察点的确定

进行课堂观察首先面临的问题是观察什么,针对这个问题华东师范大学崔允漷教授及其团队开发出课堂观察的 LICC 观察模型,这也是目前广为流行的模型。

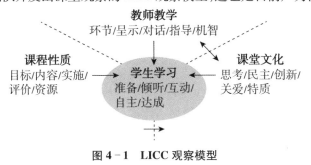

图 4-1 LICC 观察模型

---

① 崔允漷,沈毅,吴江林等.课堂观察Ⅱ:走向专业的听评课[M].上海:华东师范大学出版社,2013:12-15.

该模型将课堂分解为 4 个维度:学生学习、教师教学、课程性质、课堂文化。每个维度由 5 个视角构成,每个视角又由 3~5 个观察点组成,这样 4 个维度产生了 68 个观察点(见表 4-1)。

表 4-1　课堂观察的 4 要素 20 视角 68 观察点统计表

要素	视角	观察点
学生学习（L）	（1）准备	*学生课前准备了什么？是怎样准备的？ *准备得怎么样？有多少学生做了准备？ *学优生和学困生的准备习惯怎么样？
	（2）倾听	*有多少学生能倾听老师的讲课？能倾听多长时间？ *有多少学生能倾听同学的发言？ *倾听时,学生有哪些辅助行为(记笔记/查阅/回应)？有多少人有这些行为？
	（3）互动	*有哪些互动行为？学生的互动能为目标达成提供帮助吗？ *参与提问/回答的人数、时间、对象、过程、质量如何？ *参与小组讨论的人数、时间、对象、过程、质量如何？ *参与课堂活动(个人/小组)的人数、时间、对象、过程、质量如何？ *学生的互动习惯怎么样？出现了怎样的情感行为？
	（4）自主	*学生可以自主学习的时间有多少？有多少人参与？学困生的参与情况怎样？ *学生的自主学习形式(探究/记笔记/阅读/思考)有哪些？各有多少人？ *学生的自主学习有序吗？学生有无自主探究活动？学优生和学困生情况怎样？ *学生自主学习的质量如何？
	（5）达成	*学生清楚这节课的学习目标吗？ *预设的目标达成有什么证据(观点/作业/表情/板演/演示)？有多少人达成？ *这堂课生成了什么目标？效果如何？
教师教学（I）	（1）环节	*由哪些环节构成？是否围绕教学目标展开？ *这些环节是否面向全体学生？ *不同环节/行为/内容的时间是怎么分配的？

(续表)

要素	视角	观察点
教师教学（I）	（2）呈示	*怎样讲解？讲解是否有效(清晰/结构/契合主题/简洁/语速/音量/节奏)？ *板书是怎样呈现的？是否为学生学习提供了帮助？ *媒体是怎样呈现的？是否适当？是否有效？ *动作(如实验/动作/制作)是怎样呈现的？是否规范？是否有效？
	（3）对话	*提问的对象、次数、类型、结构、认知难度、候答时间怎样？是否有效？ *教师的理答方式和内容如何？有哪些辅助方式？是否有效？ *有哪些话题？话题与学习目标的关系如何？
	（4）指导	*怎样指导学生自主学习(阅读/作业)？是否有效？ *怎样指导学生合作学习(讨论/活动/作业)？是否有效？ *怎样指导学生探究学习(实验/课题研究/作业)？是否有效？
	（5）机智	*教学设计有哪些调整？为什么？效果怎么样？ *如何处理来自学生或情景的突发事件？效果怎么样？ *呈现了哪些非言语行为(表情/移动/体态语)？效果怎么样？ *有哪些具有特色的课堂行为(语言/教态/学识/技能/思想)？
课程性质（C）	（1）目标	*预设的学习目标是什么？学习目标的表达是否规范和清晰？ *目标是根据什么(课程标准/学生/教材)预设的？是否适合该班学生？ *在课堂中是否生成新的学习目标？是否合理？
	（2）内容	*教材是如何处理的(增/删/合/立/换)？是否合理？ *课堂中生成了哪些内容？怎样处理？ *是否凸显了本学科的特点、思想、核心技能以及逻辑关系？ *容量是否适合该班学生？如何满足不同学生的需求？
	（3）实施	*预设哪些方法(讲授/讨论/活动/探究/互动)？与学习目标的适合度如何？ *是否体现了本学科特点？有没有关注学习方法的指导？ *创设了什么样的情境？是否有效？
	（4）评价	*检测学习目标所采用的主要评价方式是什么？是否有效？ *是否关注在教学过程中获取相关的评价信息(回答/作业/表情)？ *如何利用所获得的评价信息(解释/反馈/改进建议)？

（续表）

要素	视角	观察点
课程性质（C）	（5）资源	*预设了哪些资源(师生/文本/实物与模型/实验/多媒体)？ *预设资源的利用是否有助于学习目标的达成？ *生成了哪些资源(错误/回答/作业/作品)？与学习目标达成的关系怎样？ *向学生推荐了哪些课外资源？可得到程度如何？
课堂文化（C）	（1）思考	*学习目标是否关注高级认知技能(解释/解决/迁移/综合/评价)？ *教学是否由问题驱动？问题链与学生认知水平、知识结构的关系如何？ *怎样指导学生开展独立思考？怎样对待或处理学生思考中的错误？ *学生思考的人数、时间、水平怎样？课堂气氛怎样？
	（2）民主	*课堂话语(数量/时间/对象/措辞/插话)是怎样的？ *学生参与课堂教学活动的人数、时间怎样？课堂气氛怎样？ *师生行为(情境设置/叫答机会/座位安排)如何？学生间的关系如何？
	（3）创新	*教学设计、情境创设与资源利用有何新意？ *教学设计、课堂气氛是否有助于学生表达自己的奇思妙想？如何处理？ *课堂生成了哪些目标/资源？教师是如何处理的？
	（4）关爱	*学习目标是否面向全体学生？是否关注不同学生的需求？ *特殊(学习困难、残障、疾病)学生的学习是否得到关注？座位安排是否得当？ *课堂话语(数量/时间/对象/措辞/插话)、行为(叫答机会/座位安排)如何？
	（5）特质	*该课体现了教师的哪些优势(语言风格/行为特点/思维品质)？ *整堂课设计是否有特色(环节安排/教材处理/导入/教学策略/学习指导/对话)？ *学生对该教师教学特色的评价如何？

　　虽然学者们设计了课堂观察的68个具体观察点，但课堂教学错综复杂且变化万千，是一个充满生机与活力的系统整体，课堂的复杂性决定了任何观察者都不可能把握到课堂中的全部信息，对于初入课堂的见习教师而言尤为如此。因此，带教导师应引导见习教师先寻找一个切口来进行课堂观察。

　　对于如何确立观察点，崔允漷教授团队提出了三个策略：一是按照"从领域到问题，从问题到观察点"的方法确立观察点；二是按照"此人、此时、此地、此课"的方向确立观察点；三是按照"可观察、可记录、可解释"的原则确立观察点。[①] 根据这三个策略，结合见习教师的特殊身份，带教导师可从以下几个方面帮助见习教师确立观察点。

1. 根据见习教师的专业发展需求确立观察点

教师专业发展有自身的规律，处于不同发展阶段的教师面临的专业问题也是不同的。一般而言，见习教师面临的最大问题是需要快速站稳讲台，掌握讲授和提问的教学方法，因此"教材的处理""讲授的效度""提问的方法与过程"等观察点对他们是比较适切的。下面的这份美国 IUP 教学实习通用课堂观察指南值得见习教师学习和借鉴。

美国 IUP 教学实习通用课堂观察指南[②]

为了指导师范生的教育实习，美国宾州印第安纳大学（IUP）教育学院为所有不同专业的学生（如学前专业、小学教育专业）制定了一个"通用课堂观察指南"（generic observation guide），其内容如下：

① 教师是如何开始上课的？具体包括两个方面：教师是如何激发学生的学习兴趣，如何在新旧学习之间建立联系的？

② 教师是如何向学生表明教学的目的、教学对学生的意义与价值的？

③ 在教学中，教师采用了什么样的教学方式？如演讲、讨论、视听展示、演示、学生研究或小组活动。

④ 在授课过程中，教师使用了什么样的教学材料？如教材、补充读物、录音带、录像带、电影、幻灯片、电视、实物、实例、模型、计算机或软件。

⑤ 教师对所教科目知识内容的了解多不多？采用的教学资源是否超出了教材的范围？教师有没有将所教科目与学生以前所学的其他科目联系起来？如果回答是肯定的，那么，教师又是如何做的？

⑥ 针对学生的个体差异，教师做了些什么？如举行师生会议、开展小组教

---

① 崔允漷,沈毅,吴江林等.课堂观察Ⅱ:走向专业的听评课[M].上海:华东师范大学出版社,2013:37-38.

② 转引自:夏正江.《上海市中小学见习教师规范化培训手册》试评[J].基础教育,2018,15(02):55-65.

学、布置个别化的作业、分发有差异的阅读材料。

⑦ 教师运用了什么样的课堂管理技巧？如用手指轻扣桌面、设立惩罚分、剥夺特权、引导学生自我管理。

⑧ 教师的个人特征是如何影响和促进教学的？如穿着得体不会分散学生的注意力、行为举止不会使学生分心、正确使用语法、讲话的音量大小和音调高低适中、以饱满的热情投入教学、展示出对学生的关爱和兴趣。

⑨ 教师是如何结束课堂教学的？如总结一天的学习、布置家庭作业(如果是这种方式还要指明作业的类型)。

⑩ 在教学过程中,教师采用了什么样的评估方法？如口头提问、书面提问、观察学生的言语反应、观察学生运用知识的技能、举行小测验、记录与学生会谈的结果、书面作品。

在丹尼尔森制定的教学评估框架中,哪些成分得到了观察？请引述某些具体的例证对此加以说明。

为了使观察点的确立更为适切,学校或带教导师还可以通过问卷和访谈的形式,了解见习教师的需求,以确立适宜见习教师的观察点。

浦东新区 M 校在实施见习教师规范化培训时,通过见习教师的培训前测,了解到怎样优化教学设计、怎样进行问题设计、怎样应对课堂生成、怎样把握课堂节奏、怎样激发学生学习兴趣等,是见习教师最迫切需要解决的问题。因此,学校让带教导师每人认领一个主题,带领见习教师进行课堂观察。

不同见习教师的专业发展需求也会有所差别,因此可根据不同个体的需求来确定观察点。

作为只有一年教龄的新老师,我最为关注的仍然是教学设计。教学设计由教学目标、教学内容、教学对象、教学评价等环节构成。教学目标是一切教学行为最终取舍的依据,教学设计必然先从设定目标开始。如何依据课程标准,根据学生认知发展规律和心理特点,来设置每一节课具体的学习目标是我特别需要提高的专业能力。而这节课,根据郑超老师的介绍,教学设计也有很多创新。所以,我希望通过观察来学习目标设置的适切性,学习预设学习目标的方法。①

上述案例中的这位见习教师就是根据自己的需求,结合所要观察的课的特点,确定了自己的观察点。

---

① 沈毅,崔允漷.课堂观察:走向专业的听评课[M].上海:华东师范大学出版社,2008:141.

2. 根据见习教师的问题确立观察点

刚入职的见习教师在教学中往往存在不少问题,因此导师还可以根据见习教师教学中存在的问题确立观察点。

浦东新区 N 中学通过学员诊断,发现能快速融入学生群体是见习教师的优点,但学情把握不准是他们最常见的问题,这说明学员在课堂上的共性问题是缺乏"学生意识"。因此,在课堂观察实施中,学校让带教导师引导见习教师在听评课的过程中通过关注不同层次学生的课堂表现来把握学情。

Z 导师通过学员的课堂观察发现,在"圆的面积"一课中,课堂教学中学生的拼图是错误的。通过观察与分析,她认为学生的错误拼图并不是偶然,而是概念理解还不透彻,需要教师进一步点拨引导。例如,化未知为已知,将圆的面积转化为近似于平行四边形、三角形、梯形等更规则的图形;再如,化曲为直的方向,通过分得更细使图形曲边更小……

以见习教师教学中存在的问题作为观察点,可以帮助见习教师正视自身的问题,反思问题存在的原因,从而改进自身教学。

3. 按照"可观察、可记录、可解释"的原则细化观察点

除了从上述两个方面确立观察点外,带教导师还可以依据"可观察、可记录、可解释"的原则帮助见习教师进一步细化和落实。

前文 N 中学提出的"关注不同层次学生的课堂表现"无法观察和记录,不是一个合适的观察点,因此需要进一步细化。将想要观察的内容细化为适切的观察点,可根据崔允漷教授设计的 LICC 观察模型进行。例如,在学生学习要素中,分别有准备、倾听、互动、自主、达成 5 个视角,对应不同的视角"关注不同层次学生的课堂表现"可以细化为不同的问题。例如,"准备"视角,关注的问题可以有:不同层次的学生课前准备有什么区别? 他们分别是怎样准备的? 再如,"倾听"视角,关注

> **小贴士**
>
> 可观察指在课堂上能找到与观察点相对应的行为表征,即相应的教学行为、学习行为等。可记录指可将在课堂上所呈现出来的相关信息完整地记录下来。可解释指课堂记录的信息可以得到很好的解释,并得出关于观察点的结论与建议。①

---

① 崔允漷,沈毅,吴江林等.课堂观察Ⅱ:走向专业的听评课[M].上海:华东师范大学出版社,2013:38 - 39.

的问题可以有:不同层次的学生倾听老师讲课的情况如何?他们在倾听时间上有什么区别?不同层次的学生倾听同学发言的情况如何?倾听时不同层次的学生有哪些辅助行为(记笔记/查阅/回应……)?通过这样的层层细化分解,见习教师基本可以寻找到一个适合自身的,具有科学性、针对性和可操作性的观察点。而且通过系列观察,见习教师还有可能形成持续跟进的系列研究,形成相应的研究成果。

再如,前文中见习老师确立的"观察学习目标设置的适切性"观察点,也存在过大、过泛的问题。根据可观察、可记录、可解释的原则,教师把观察点细化为"学生对于学习目标的反应程度、学习的积极性、是否产生了生成性问题、是否具有合作的需求"等。[1]

(二) 课堂观察时的记录

课堂观察的记录有很多种,可以根据具体的观察内容和观察类型选择自己擅长的记录方式来进行观察记录。大体而言,课堂观察记录分为质性观察记录和量化观察记录两类。

1. 质性观察记录

质性观察记录是以非数字的形式呈现观察的内容,强调对课堂中行为和事件背后的模式、意义加以诠释,主要有四种记录方式:描述体系、叙述体系、图式记录和技术记录。[2] 四种记录方式各有所长,带教导师首先需要帮助见习教师重点把握描述性体系的记录方法。

初次使用描述性方法时,见习教师往往不知应该记录哪些内容,因此带教导师可以先为他们提供一个适宜观察记录的体例格式和记录模板。从体例格式上来说,一般描述性体系记录的首页要记录观察课例的基本信息,如观察班级、上课课题、日期、时间等基本要素,以及观察对象及其位置(见图 4-2)。[3]

从内容上来说,对所要观察学生的描述,一般应考虑以下几个方面:

(1) 学生所处的地理位置:几排几座,独坐、有同桌一起坐还是在小组里坐,如果是坐在小组里的,需要绘出小组座位表。

---

① 沈毅,崔允漷.课堂观察:走向专业的听评课[M].上海:华东师范大学出版社,2008:141.
② 沈毅,崔允漷.课堂观察:走向专业的听评课[M].上海:华东师范大学出版社,2008:88-89.
③ 夏雪梅.以学习为中心的课堂观察[M].北京:教育科学出版社,2012:81.

（2）课桌描绘：包括桌上的学习用品摆放，与本节课相关的准备工作等。

（3）学生描绘：包括样貌、神情、与其他学生的交流、作业本上的错误率和整洁状况等。需要注意的是，质性观察中使用描述性方法，最重要的是客观、中立，尽可能还原课堂的真实性（见图4-3）。①

观察单1-8:实例
教材版本:沪教版　第 3 单元　第 1 课　课　题:揭开雷电之谜 学　　校: PL 　班　级: 四(2) 　学 生 数: 33 任课教师:YMQ　观 察 者:　XXM　　观察日期:2010.3
对将要观察的学生的描述: 　　我坐在最左边的第一组学生旁边，这组学生一共有 5 个人。由于我所坐的座位限制，在大部分时间，我只能观察 C、D、E 3 人，除非有教师提问到 A、B。 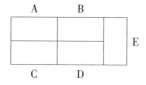

图 4-2　教师课堂观察单

关键学习点2　教师:请在文中画出表示富兰克林是"勇士"的句子。
C——没有动手画，用手捂住本子，斜眼看 D 和 A 的书。 　　D——画出两句话:"那天，天空乌云密布，雷电交加。富兰克林带着儿子来到费城的郊外""富兰克林觉得手有点麻，……和实验室里的电火花完全一样!" 　　E——画出一句话，"富兰克林觉得手有点麻，……和实验室里的电火花完全一样!"在教师反问后又擦掉。 　　推论:C、D、E 在这一任务上完成得都不是很好，C 在此类任务上的表现比较差，似乎完全没有找到感觉。

图 4-3　教师课堂观察笔记

此外，观察笔记内还可以规划好描述与评论的空白栏，两种空间的比例大约是3:1。② 观察者在观察过程中，可以在描述栏内翔实地记载某些行为或经验

---

① 夏雪梅.以学习为中心的课堂观察[M].北京:教育科学出版社,2012:80-82.

② 陈美玉.教室观察:一项被遗漏的教师专业能力[EB/OL].（2010-12-21）[2021-11-10].https://wenku.baidu.com/view/fcfd026aaf1ffc4ffe47acc3.html.

的发生,也可以利用评论栏,将观察时所产生的想法加以记录。若对观察所获得的资料有所怀疑或不了解其意义,可以利用课余时间,与相关人员(如执教教师或观察对象)进行访谈,作为课堂观察记录的补充。

2. 量化观察记录

量化观察记录强调对课堂中的行为和事件进行细致分类,并通过结构化的、封闭的观察工具予以记录。记录课堂信息的方式主要有三种:编码体系、记号体系/核查清单以及等级量表等。[①] 带教导师指导见习教师进行量化观察记录时,可以先从较为简单的方法开始,如画记的方法。

使用画记的方法,观察者只要按照画记表上对各类行为的界定进行代号的画记工作与计时即可,此种类型的观察需要在进入课堂前对所观察的行为设计好观察量表。例如,要观察教师课堂中提问学生的分布情况,观察员可在表中进行画记(见表4-2)。

表4-2　学生回答问题分布情况画记表

排 ＼ 列	A	B	C	D	E
一					2
二		4			1
三	1	1		1	
四	2		4	3	
五		1			1
六	2	1			
七	1		3		

(备注:学生每回答一次问题画记一次。)

总之,质性的观察记录和量化的观察记录可以相互补充使用,以便使所获得的数据和信息能尽可能地反映真实的教学环境和课堂活动。带教导师在指导见习教师进行观察记录时,应先让他们以质性观察记录为主,待见习教师逐渐熟练后再适当辅助以量化观察记录。

---

① 沈毅,崔允漷.课堂观察:走向专业的听评课[M].上海:华东师范大学出版社,2008:88.

（三）课堂观察后的反思

美国心理学家波斯纳提出:经验+反思=成长。同样,对课堂观察而言,观后反思才是真正促进教师成长的关键环节。课堂观察仅做了观察记录或数据采集工作,更重要的在于对记录/数据的处理与分析,分析是否到位、是否有深度,是影响后续课堂改进和教师专业发展的重要因素。因此,带教导师需要指导见习教师学习进行观后反思。

观后反思,就观察员自身而言,一般可以分为评课会议的口头汇报和课后的书面反思。

1. 评课会议的口头汇报

评课会议通常在课后及时召开,因此评课时的口头汇报是教师处理、分析课堂信息的初步过程。见习教师在评课时要注意以下两点。

（1）自己评课时的推论要基于证据、紧扣观察点、基于情境①

基于证据,指课堂观察强调用证据说话,有多少证据做多少推论,既不拔高,也不低估。例如,浦东新区某中学一位见习教师观课后认为该课的课堂题量较大,教学过程中预留给学生思考的时间较短。其理由如下②:

> 小贴士
> 评课时的信息收集非常重要,为了避免来不及记录而遗漏重要信息,见习教师可以现场一边记录一边录音,事后再予以整理。

在导入、应用、课堂小结、拓展与提高四个部分共有9道题,这在一定程度上导致了学生在思考或解答习题的过程中时间比较仓促,来不及充分思考或消化,尤其对于那些成绩较差的学生而言,学习起来极为吃力。如第六小组的生3、生4,她们几乎没有完整地完成一道题目,又要匆匆开始下一环节的学习,虽然生2可以完整地做完习题,但当他完成该题时老师的下一题已经讲完,又要开始新的一题。在该小组中仅仅生1勉强能跟上老师的节奏。

紧扣观察点,指应针对所观察的点,基于教学改进提出有针对性和实效性的建议与对策。浦东新区某中学一位见习教师基于合作学习的观察点,进行了观

---

① 周文叶,崔允漷.教师应如何进行课堂观察?［J］.中小学管理,2008(04):18-20.
② 案例来源于谢婧老师的课堂观察报告。

察记录并提出了自己的看法。[①]

我在第五组着重观察了四位学生的课堂表现。该组由 2 男 2 女组成,为了行文方便,我便用男生 1、男生 2、女生 1、女生 2 来表示,其中男生 1 为该组组长。通过一节课的观察,我发现下面几点现象:

① 该组中组长男生 1 学习情况比较好,尤其对本节课相关的一元二次方程的内容掌握比较扎实,而且还能举一反三。女生 1 和女生 2 的学习基础还行,但是学习主动性不高,老师布置了任务她们完成后就不再探究或者思考更深层次的问题。男生 4 基础不是很好,基本功最不扎实。

② 小组活动前期活动气氛不够热烈,组员之间交流较少,各自完成任务之后就低头看着学习单不知要干什么。组长也未组织组员们进行讨论或探究教师提出的问题,经我及其他老师的提醒,组长才开始带着组员进行课堂内容交流,但是这时活动时间已结束,所以第一阶段的活动这个组基本没有达到要求。

③ 第二次活动老师要求组长出一个一元二次方程,然后组员验证刚学的一元二次方程根与系数的关系。这次组长直接出了一个方程让男生 4 来做,男生 4 没有找到答案,老师过来一看指出:你们没有注意"$\Delta<0$"。男生 4 这才恍然大悟,组长出的这个方程其实没有解,不能应用今天所学的内容,其他组员也表示原来如此,一起加入进来如何改正这个方程才能符合要求。这时这个组的气氛才达到预期的老师所要求的自主合作学习探究的效果。

对比第二和第三个现象,为何有如此大的差距,固然第三次有老师参与,可能学生的学习积极性也被调动了起来,但是我觉得主要的原因还是在于第三次是由组长主动提出来并主导的一次合作探究学习活动。课前通过访谈了解到这个组是临时搭建起来的,大家对于这种合作学习模式还比较陌生和不适应。相较于传统课堂的排排坐,小组合作的学习模式更加注重学生的主动学习,在此期间组长的作用显得尤为关键。组长如何在短短的一节课中调动、组织甚至管理本小组的活动任务? 这非常考验组长的能力。

基于情境,指课堂观察推论时要根据这堂课的教学内容、学生和教师的实际情况来展开探讨,不进行过多的经验类推或假设。下面的案例是一位教师根据

---

① 案例来源于陈奕玮老师的课堂观察报告。

课堂教学的具体环节和观察到的学生实际情况进行的分析。①

袁老师课上的问题一的引入给学生留下了一定的思考时间。我观察的四位同学中有三位快速写出了正确答案,有一位在做出第一问之后就卡住了。袁老师抽了这四位同学中的 A 同学,她回答时比较谨慎,由于老师的质疑让她产生了一定的压力,导致明明纸上已经写出了正确答案,但是在说的过程中出现问题。课后该同学表示,老师提问的语速有点快,她没有听清老师的意思,不知道要如何表达才是正确的。

如果不是坐在学生中间并有机会对学生的异常反馈进行访谈,我不会发现这样的细节,这也让我反思:在自己的课堂中,要和学生更深入地沟通,不能简单否定学生的回答。

(2) 要细致聆听同伴特别是观察经验丰富的教师的评课内容

即使是同样的记录和数据,有的见习教师什么也看不出来,而经验丰富的教师则能从中看出别人看不到的东西。此外,从不同视角进行分析可得出不同的结论。通过这些差异及对比的解读,有助于丰富见习教师对复杂课堂的认知,促进见习教师实践性智慧的积累。

2. 课后的书面反思

书面反思可以在课后较长的时段中进行,这也是见习教师处理、分析课堂信息的深入过程。在这个过程中,带教导师要指导见习教师注意三点。

(1) 对数据进行进一步的深入分析与梳理

为了方便记录且不遗漏信息,课堂上记录的数据往往只有观察者本人才能看懂。因此,带教导师要提醒见习教师课后对数据进行补充、整理和统计,这样一方面可以使别人理解所记录的数据,另一方面可以为下一步的推论做好准备。同时,在反思报告中,观察者需要对大量的记录信息进行简化和梳理,可通过文字说明、图表等方式呈现与观察目的相关的信息,让读者较为清楚地了解观察情境中发生的事情。

(2) 对课后评课交流讨论的分析与梳理

每位观察员都是根据自己确定的观察点进行观察,因此不能只根据自己一个点的观察结果来简单地推论课堂的某些环节甚至是整堂课的教学。但是,通

---

① 时小飞,贾彬,丁波.“分式的意义”课堂观察[J].当代教育家(中旬刊),2018(07):62-63.

过评课,观察员不仅可以充分借鉴其他教师独特的分析视角或实践智慧,而且可以通过其他观察者的记录和汇报,弥补自己观察的不足,从而能多视角、多方位地探寻教学的有效策略。

(3) 撰写有深度的书面反思报告

评课时的口头汇报往往较为零散、不充分,缺乏深入的思考与推论,有的见习教师在撰写书面反思时,仅仅是把汇报时的口头语言变为文字而已,这种仅为口头汇报的录音整理无法实现观察目的。要使见习教师更快更好地改进自己的课堂教学,促进自己的专业发展,就需要在观察记录与数据的深入分析、同伴记录与交流信息的深入剖析和查阅相关资料的基础上,进行深入思考,形成较有深度的书面反思。

下面为浦东新区某中学一位见习教师在观察了"一元二次方程根与系数的关系"的一个小组的课堂学习后,进行的详细分析(见表4-3)。[①]

表4-3 "一元二次方程根与系数的关系"课堂观察表

教学环节	本人所观察小组的课堂学习情况	分析
1.1 问题导入 TQ:你在解一元二次方程时,最常用的是何种方法?	学生嘀咕:"因式分解法。"	本问题与教师在课堂上要讲的内容息息相关,但学生回答存在不可控性。
1.2 活动1 (根据根,写出一元二次方程。)	除组长外,其他学生几乎都无从下手。经组长提醒后,其他学生才恍然大悟,但大多写下的都是 $a=1$ 的方程。	本环节设置不佳,一是学生难以理解,二是 $a=1$ 的方程引发的片面理解会影响学生对后续内容的预测。
1.3 追问本节课的主题 TQ:根据活动1,请猜测方程两根的和、积分别与系数有何关系。	组长略有思路,其他人一筹莫展。	学生很容易受到 $a=1$ 的干扰。

———————————

① 案例来源于王雪慧老师的课堂观察报告。

（续表）

教学环节	本人所观察小组的课堂学习情况	分析
1.4 完成表 2 （分别计算出所给一元二次方程的两根、两根和、两根积。）	学生根据自己惯用的方法来分别计算，但两位学困生似乎已经对方程的解法有所遗忘；小组内部交流少。	学生最近在学习几何内容，因此对方程内容已经有所遗忘。
1.5 证明猜测 （在表 2 的基础上，思考猜测是否正确，并讨论如何证明。）	整组全无进展。	学生未能将根的计算公式与此题进行联系，难度设计较大。
2.1 写出所给一元二次方程根的和。	学生根据自己惯用的方法来分别计算；小组内部开始有少量交流。	
2.2 游戏环节 （小组内部分别编写符合要求的一元二次方程，其他成员根据公式求出两根和、两根积。）	小组内部活跃度低。	
2.3 拓展 （在本节课所学内容的基础上，求所给一元二次方程的两根根、两根积的变形。）	只有组长做得出。	本堂课内容过多，对基础内容大部分学生还未掌握，因此拓展内容效果较差。

　　通过观察记录小组的课堂学习情况和后期的反思分析，这位见习教师很快就发现了学生在课堂学习中出现的问题，并把这些问题与教师的教学内容和方式进行了关联。通过这样的反思与分析，当这位见习教师设计同样的教学内容时，自然而然地就会规避课例中的教学问题。

　　总之，导师要时常督促见习教师撰写反思报告，使反思报告的撰写成为课堂观察深入研究的过程，成为促使见习教师专业自我成长的过程。

三、课堂观察指导注意事项

　　在指导见习教师开展课堂观察时，带教导师还需要提醒见习教师注意关键事项。

（一）注意课堂观察前的信息收集

凡事预则立,不预则废。课堂观察在课前若能收集到尽量丰富的信息,对教师进行课堂观察记录以及后期的反思报告撰写都有相当重要的作用。课堂观察前,带教导师须提醒见习教师对教学内容和学生学情进行了解。

1. 了解教学内容

一般而言,观察员需要对所观察的课有初步了解。例如:"这节课主要讲什么内容? 涉及该课程的哪一部分? 在该课程中的关系与地位怎样?""这些学习活动在多大程度上'适合'该班的学习进度?""学生要使用哪些作业单或其他材料?"。

> **小贴士**
>
> 教学内容可通过执教教师的教学设计获得。一般随堂课不会专门打印教学设计,见习教师可以通过课前询问执教教师来获知基本信息。

例如,统编版九年级语文《岳阳楼记》第三课时的课例,课前需要了解:《岳阳楼记》这篇文言文准备用几个课时完成? 要观察的课例是第几课时? 前面的两个课时,教师已经完成了哪些教学目标? 这个课例教师准备实现哪些教学目标? 等等。

2. 了解授课学生

所有的教都是为了学生的学,因此带教导师还应提醒见习教师在课堂观察前关注学情,学习依据学情判断教师教学的内容与方式是否适宜。一般而言,学情分为普遍和特殊两类情况。普遍学情是"该校学生整体情况在这个区域处于一个什么水平? 该班学生基础情况如何?",特殊学情是"班级有哪些有特殊需求的学生? 我所要观察的学生的大致学习情况如何?",等等。

> **小贴士**
>
> 学情了解,最好提前五分钟进入课堂,一方面观察学生的学习准备情况,另一方面可对学生进行课前访谈,从而快速了解学生课前的基本学习情况。

例如,统编版七年级语文《饮酒》课例,对学情内容的了解可以包括:这篇诗歌学生事先做了哪些预习? 学生对《饮酒》的作者——陶渊明了解多少? 对教学重难点——诗歌意象,学生有多少了解? 等等。在了解学生预习情况时,带教导师可以提醒见习教师留心学生的课本。一般而言,如果学生已经预习,课本上会有圈画等记号。同样的预习作业,不同学生的预习状态截然不同。有些学生不仅会标注出难字词的读音、作者简介等,而且还会用不同颜色笔进行区分;有的学生只是标注出难字词的读音、划分小节号等;有的学生书本则是一片空白。通过访谈和观察不同学生的预习情况,教师可在课前快速把握所观察的学生的学习习惯,甚至可以预估出该学生的学习水平,大致判断出所观察的学生属于学优生、普通生,还是学困生。在之后的课堂观察中,可快速辨别教师的教学内容是过深还是过浅、教学进度是过快还是过慢、哪种教学方式更适合这类学生的学习等问题。这些问题的判定,可使见习教师反复琢磨学情,学习从学生学习的角度出发来设计教学,由此逐步树立"以生为本"的教学意识。

(二) 注意课堂观察时的细节处理

1. 观察位置的选择

进行课堂观察时,带教导师应指导见习教师选择有利的观察位置,以确保收集到真实的信息。如果学生座位按常规排列,则可以选择后排两组之间的座位,以便可以同时观察到前后左右四位学生的课堂参与情况,同时还可以兼顾全班的整体情况。如果学生座位是小组围坐的形式,则可以选择其中一个小组进行课堂观察。总之,应选择离观察学生较近的位置,以便随时记录他们的学习情况与状态等。

2. 观察记录的细节

进行课堂观察记录时,带教导师还应指导见习教师注意一些细节。例如,要如实记录看到的和听到的各种现象。对自己记录的现象,一般不宜当场花时间进行分析或判断,以免影响记录的进程,或遗漏一些重要的信息。另外,在观察过程中尽量不要走动,若必须走动也尽量不要发出声音,以免分散学生的注意力,影响正常的课堂教学。

(三) 注意课堂观察后的信息反馈

课堂观察结束后,并不意味着已经完成课堂观察记录,带教导师还应提醒见习教师注意信息反馈,以便对自己的课堂观察记录进行补充。

1. 学生的课后访谈

课堂教学结束后,见习教师最好抓紧时间对所观察的学生进行访谈。一方面,可以弥补自己在观察记录中有遗漏但又非常重要的细节;另一方面,可以了解执教教师的教学目标是否落实等重要情况。因此,访谈学生时可以询问学生是否理解了教学内容,最喜欢的上课形式或环节,希望老师哪些方面可以有所改进等。例如,笔者在七年级统编版语文《饮酒》课堂观察后访谈学生,问学生是否理解何为"意象",并让学生试举一个例子来说明时,学生均答不上来,所举的意象例子也是不正确的。由此可以说明,在这节课中"意象"这个知识点还需要进行铺垫和落实。通过课后的学生访谈,见习教师自然就会进行自我反思:假如自己上这节课该如何落实"意象"这个知识点。

2. 执教教师的反馈

课堂教学结束后,见习教师如果对教学中有不理解的地方应及时与执教教师沟通。例如:执教教师为何要这样导入新课? 为何要提这个问题? 发生某个意外事件后,执教教师为何这样处理? 总之,见习教师需要通过课堂观察探寻课堂教学可顺利进行的原因、教学目标顺利达成的过程等,而不仅仅是听课后的简单模仿与照搬。

第二节　走进专业的说课指导

指导见习教师一段时间后,潘老师检查了见习教师的备课笔记。从总体上看,见习教师备课都很认真,在备课、上课等方面都有了一定的进步。但潘老师发现,他们的教案仅简单地设计怎么教,很少体现设计思想,也缺乏理论依据,导致备课质量并不高。为此,潘老师决定从说课入手指导见习教师,提高他们备课的质量和课堂教学的效率。

一、说课的概述

（一）说课的概念

对于说课,学者们从不同的角度对其进行了界定。例如,学者方国才认为,说课指说课教师运用口头语言把自己上课的程序和运用的教学方法上升到理论的层面说给其他教师或评委听。[①] 刘旭认为,说课是教师在备课的基础上,面对同行、教研员、专家,以语言为主要表述工具,系统而概括地解说自己对具体课程（如某一学科的某一节课或某几节课）的理解,阐述自己的教学观点,表述自己具体执教某一课题的教学设想、方法、策略以及组织教学的理论依据等,然后由大家进行评说。[②] 自"说课"概念诞生以来,学者们对其有不同表述,但仍未形成统一的概念。总的来说,说课就是指执教教师在备课或上课的基础上,在一定场合面对同行或专家、领导,在规定的时间内,针对具体的课题,采用讲述为主的方式,以科学的理论为指导,分析具体课程的教材和对课程标准的理解、学情和学法、教法和策略、预设和生成、教学过程及其得与失,然后由同行、专家或领导进

① 方国才.新课程怎样教得精彩［M］.北京:中国科学技术出版社,2006.
② 刘旭.新课程理念下的课堂教学:听课、说课、上课［M］.成都:四川教育出版社,2005.

行评议,达到相互交流、共同提高的目的。简单来说,即做什么、怎样做、为什么这样做。①

(二) 说课与备课、上课之间的联系

说课是教学研究活动环节,与其他教学活动一脉相承,但与上课、备课既有密切联系又有本质区别。

1. 说课与备课、上课之间的联系

从某种角度讲,备课是说课、上课的前提和基础,备课质量直接决定了说课和上课的效果,而说课、上课是备课结果的表述和检验。说课注重对教学内容的分析,上课则是把教学任务付诸实践,说课使备课和上课所要传授的内容更具科学性、计划性,也更加理性化,避免了上课的盲目性、随意性,从而提高授课的质量。②

说课是对课堂教学方案的深入探究,上课是对教学方案的课堂实施,两者都要学习课程标准,要吃透教材、了解学生、选择教法、设计教学过程。围绕同一个教学内容,可以展示教师的课堂教学艺术,也能反映出教师的语言设计、教态、板书等教学基本功。在一定程度上,教师说课的表现可预见教师上课成功与否。

2. 说课与备课、上课的不同点

(1) 概念内涵不同。说课属于教研活动,对问题的研究更深入。

(2) 对象不同。说课面对的是其他教师,而备课和上课面对的是学生。

(3) 要求不同。说课要求教师说出每一具体内容的教学设计,做什么,怎么做,而且还要从理论角度阐述为什么这样教,即说出设计的依据是什么,它侧重对某一教学目标所采用的教学方法和教学手段实施的理论依据的说明。而备课则强调教学活动安排的科学、合理和全面,为上课提供可操作性强、条理清晰的教学流程。备课着重研究解决课堂教学中教什么、怎么教等教学内容及实施技术问题,而无须说明为什么这样教。上课则是把备课时设计好的教学活动在课堂中加以实践,教师需要组织好课堂教学活动,充分调动学生的积极性,至于做什么、怎么做和为什么这样做则不用进行说明。

(4) 评价标准不同。上课的评价标准虽然强调教师对教学方案的实施,但更强调课堂教学效果,看重学生在课堂教学中接受新知和能力发展的情况;而说

---

① 苏鸿.高效课堂:备课、上课、说课、听课、评课[M].上海:华东师范大学出版社,2013.
② 鲁姗姗. 化学教学中说课的研究[D].南京:南京师范大学,2008.

课重在评价教师对教材的掌握、对教学过程的设计、对教育教学理论的应用以及教学基本功的展示等方面。一般情况下,说课水平与上课水平具有正相关的联系,但也会有例外,有些教师说课情况不错但课堂教学效果并不理想,这是因为课堂教学中不易掌控学生。这需要教师在课堂教学中机智地处理教与学中的矛盾,有效控制教学过程。

（三）说课的特点

说课与其他相关教学活动相比具有明显的特点。

1. 过程简约

与其他教研活动相比,说课不受地点、设备、人数、教学进度和教材等方面的限制,不涉及学生,简便易执行。说课的对象一般是同行或专家,他们对教材、教学目标和教学过程比较熟悉,故说课者不必像课堂教学那样过于关注具体细节,加上时间的限制,说课时不可能面面俱到,通常只能根据教学任务、教学目标、学情等进行画龙点睛的解说,对课堂教学的知识、理论、技能和方法以及教学过程的安排等一般只需要简略、概括地说,不必长篇大论、博征旁引、详尽论证,可以点到为止。[①]

2. 方式单一

相比上课等教学活动,说课的呈现方式比较单一,主要以解说为主。说课是面对同行或专家等进行的单边活动,不同于课堂教学中师生、生生的多边活动,需要交流讨论、实验探究、观察思考等多种多样的形式。因此,说课基本属于"一言堂"。

3. 功能的发展性

说课能够促进教学理论的发展,也可以促进教师专业素养的进一步发展,另外说课可促进课堂教学效率的提升,进而促进学生的发展。同时,说课作为一种提高教学质量的途径和手段,能有效地激发教师刻苦学习、求实创新、不断尝试的改革精神,激励教师钻研教学理论和教学方法,不仅可以促使教师专业能力的提高,也能促进课堂教学改革,使学生在课堂学习中得到更好的发展。

（四）说课的类型

随着说课的发展,说课的类型也不断补充和延伸。根据活动的时间、内容、目的和要求等的不同,说课可分为不同的类型(见表4-4)。

---

① 刘开伦,翟平.说课特点的分析[J].昆明师范高等专科学校学报,2008(02):99-102.

表 4-4 说课的分类

依据	说课类型	功能与作用
按时间划分	课前说课	选拔教师或进行优质课比赛
	课后说课	同行之间交流
按内容划分	整体性说课	同行之间交流、优质课比赛
	专题性说课	教学研讨、教学诊断等
按目的划分	研讨性说课	同行或教研部门交流
	示范性说课	优质课比赛、同行交流等
	评价性说课	选拔或考核教师、教学诊断等

另外,说课还可以按学科划分为语文说课、数学说课、英语说课、音体美说课等;按用途划分为示范说课、教研说课、考核说课等。从整体上看,说课一般可分为两大类:实践型说课、理论型说课,实践型说课是对某一具体课题的说课,而理论型说课是对某一理论观点的说课。

(五) 说课的原则

1. 主体性原则

当代教育强调在教学过程中重视学生主体性的发挥,学生在课堂学习中应表现出对学科的浓厚兴趣,积极参与学习,主动探求知识、体验探究过程,在知识、技能的形成和应用过程中养成科学的态度,同时获得科学的方法,形成终身学习的意识和能力。所以,说课教师要说好教材、教法,充分了解学情,了解学生的知识基础、生活体验、认知特点,设计出与之相应的学习目标和学习活动,设计好教学情境、问题和评价方式与指标,使学生产生最佳的学习心态,这样学生的自主性、能动性和创造性才会在学习过程中得到充分发挥,真正成为学习的主人。

2. 科学性原则

科学性原则是保证说课质量的前提和基础,科学性首先指学科事实的真实性和学科事实知识解释的科学性,同时也指课堂活动设计的科学性。例如化学学科中,化学原理、化学理论的产生和发展有其自身的规律,有些理论的产生是通过大量实验事实归纳、概括出来的,如质量守恒定律、金属活动性顺序等;再如地理学科中,大气环流的形成、天气系统的形成、洋流分布规律等知识。说课者在说课过程中,应根据知识、理论的产生和发展过程,设计科学合理的教学活动,

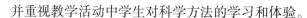

并重视教学活动中学生对科学方法的学习和体验。

3. 探究性原则

说课者要有探究教学的意识,在教学活动的设计过程中,要在了解学生认知水平和知识结构的基础上,选择包含探究要素的教学方式,让学生在教学情境中发现问题,激起求知欲,主动探究知识的产生和发展,掌握探究的方法并体验探究带来的乐趣。

二、说课的指导策略

(一) 说课的基本步骤

带教导师在指导中应不断提醒见习教师明确说课和讲课的不同。讲课面对学生,而说课面对的是教学专家,也就是面对专业人员陈述自己的教学思路,而不必面面俱到,要强调重点,强调设计思路。

带教导师应指导见习教师掌握说课的基本步骤:

1. 教学目标不要太多,一般一课时有两三个目标即可。

2. 教学重点和难点两三个就可以。

3. 教学用具的选择要适宜。

4. 教学过程是说课的重点,要说清设计的所有步骤以及教学设计的思路、教学的流程与方法等。另外,还需要说明安排这个步骤的原因,也就是为什么要这样上,也可顺便说一下教学原则和方法。

5. 板书无须全部写在黑板上,但要写一个标题,其他内容可陈述出来,需要讲清黑板每一块区域要书写的内容,这也是展示黑板字的好时机。

(二) 说课的内容

说课内容是说课的关键,不同类型的说课,内容自然也不同,但无论什么类型的说课都是以"研课"为目的,都是建立在个体研究基础上的集体研究。

> ☺ 小贴士
>
> 教学目标是教学总体设计的出发点和归宿,教学目标要与课程标准中提出的目标相吻合,体现内容的科学性和系统性,符合学生的认知规律和思维发展。教学目标的表述要简明、有梯度,且要便于测量和观察。

> ☺ 小贴士
>
> 一忌教具的选择过多,使用过频;二忌教学手段过于简单,不能反映学科特点;三忌教学手段流于形式。

1. 说教材

（1）教材分析

说课时要从分析教学内容和结构开始，见习教师要根据自己对学科课程标准的认识和理解，说出所选课题的教材内容以及其整体与局部之间的关系，分析教材在课程体系中的作用，并剖析教材中知识、技能、方法对学生认知结构、个性发展和能力培养等方面的功能及价值。在此基础上，教师将确定的教学目标、重点难点、处理教材的方法和依据、课时安排、教具准备、反馈练习等展示给听者，目的是让听者了解所要说的课的内容。

（2）教学目标

三维课程目标应是一个整体，要求教师根据各学科教育的任务和学生的需求，从知识与技能、过程与方法、情感态度与价值观三个维度进行课程目标的设定。

"天气系统"说课稿

【说教材】本节课是高中地理必修1第二章"地球上的大气"第三节的内容，属于地球的外部圈层"大气圈"的知识点，安排在"大气的受热过程"和"气压带和风带"之后，在学习了大气的受热过程原理、气压带风带形成过程及原理和气压带与风带对气候的影响后，再学习本课相对简单，与日常生活密切联系，是高中生学习不可或缺的内容。本课内容包括两个教学因子：气团与锋的相关概念、不同类型的锋及其天气演变规律。为契合本课标的要求，我呈现了锋的形成以及冷暖锋的示意图，因此教学过程中引导学生读图、识图、绘图及分析是关键，需要重点掌握冷暖锋过境前、过境时、过境后对某地的天气影响。

【说教学目标】知识与技能：①指导学生自行学习教材，掌握气团和锋的相关概念；②在观看动画演示后，能表述出冷锋和暖锋的形成过程、归纳它们的差异表现。过程与方法：①学生通过自学和观看动画演示，能识别、绘制冷暖锋示意图，培养学生的读图、绘图能力；②通过分析实际案例，学生能轻松表述冷暖锋的差异，培养学生理论联系实际的学习方法。情感态度与价值观目标：通过分析实际生活的案例，培养学生科学的生活态度。[①]

---

① 李梁辉，宋东方.新课程视野下地理说课的再思考[J].地理教育,2014(12):43-44.

（3）教材的重点和难点

除了教学知识的重点，还应包括能力和情感的重点。难点是比较抽象、离学生的生活较远或过程形成比较复杂，使学生难以理解和掌握的知识。说课时需要具体分析教学难点与教学重点之间的联系。

2. 说学情及学法指导

教师必须对学生的学习情况有准确的分析，并根据实际状况确定适合的学法。说课时可以从以下几方面着手。

（1）学生的知识经验

针对本节课要讲解的知识，分析学生已经具备的基础知识、生活经验和已有的能力条件，以及这些知识、经验和能力对学习本节课新知识的影响。

（2）学生的技能态度

说出掌握本节内容学生必须具备的学习技巧，以及学生是否具备学习新知识应该掌握的技能和态度。

（3）学生的特点与风格

说出学生的年龄特点、能力差异，以及由于身体和智力上的个别差异形成的学习方式、学习习惯和学习风格差异。

"天气系统"说课稿

【说学情】本课的教学对象为高一学生，他们的空间想象与逻辑思维能力处于初步发展阶段，兴趣往往集中在与日常生活相关的知识点上。有了初中基本物理知识的铺垫，加上前面学习的大气运动原理的知识，如果用天气预报视频引入、用多媒体动画展示锋面的形成过程及天气变化规律，则可以极大地激发学生的学习兴趣，帮助学生理解锋面的结构与天气演变规律。在案例展开时可以借助我们国家2008年的冰冻灾害和2014年的南方暴雨天气，给学生展示直观材料，丰富感性素材。①

"溴、碘的提取"说课稿

【说学法】本节课的学习，应使学生掌握以下基本方法。（1）实验探究法。通过探究氯、溴、碘间的转换反应规律和溴、碘提取的反应原理和方法，培养学生

---

① 李梁辉,宋东方.新课程视野下地理说课的再思考[J].地理教育,2014(12):43-44.

观察、抽象概括形成规律性认识的思维能力和总结归纳方法;了解实验探究的过程和一般方法,形成化学实验操作的基本技能。(2)合作学习法。让学生进行分组实验,分析、讨论实验现象,解决问题,得出结论,使学生在交流中取长补短,培养学生的主体性和合作竞争意识。(3)阅读法。在教师的指导下阅读相关教材内容,培养自学能力。[1]

3. 说教法和策略

教学方法和教学策略的选择往往决定了整节课的成败,说课时要说出以下几点。

(1) 根据教材内容和学生实际准备采用的教学方法,以及教学方法具体实施的要点。一般一节课可以有多种教学方法的渗透,所以教师要从教学目标、教材编排、学生知识基础、教师自身特点等方面说明教法的组合和选择依据。

(2) 突破重难点、把握关键点和兴趣点的具体措施。

(3) 授课时所遵循的教学原则,以及为提高课堂教学效果所运用的教学手段(如教学课件、多媒体、计算机网络),并说明依据教学目标、教学内容、学生特点、学校设备条件、教具功能等选择教学手段的原因和根据。

(4) 教学环节的时间分配。联系教材内容、学生实际及教学方法等,说出各个教学环节的时间安排依据,以及充分利用一节课里最佳时间(20~25分钟)的做法与原因。

"天气系统"说课稿

【说教法】多媒体辅助教学法、实际案例分析法、图表对比分析法、讲授法。采用多媒体辅助教学法有利于帮助学生理解相对抽象的锋面的结构及形成过程,以动画的形式取代书本静态平面的示意图,激发学生的学习兴趣与热情;采用实际案例的分析可使学生深化理解课堂知识,做到学以致用,起到巩固提高的效果;通过制作不同类型锋面的区别及天气演变规律表,可以清晰、明确地呈现不同锋面的特征与差异;讲授法是最古老、高效的教学方法,有课堂就有讲授,这可以简单高效地让学生接受知识。[2]

见习教师经常容易犯的错误是,说教学方法太过笼统,说学习方法也有失规

---

[1] 屠天源.师范生说课存在的问题及对策[J].宿州学院学报,2007(05):140-141.

[2] 李梁辉,宋东方.新课程视野下地理说课的再思考[J].地理教育,2014(12):43-44.

范。例如,说教学设计和学法指导时,经常会一言以蔽之:"我运用了启发式、直观式等教学法""学生运用了自主探究法、小组合作讨论法"等,但教师如何启发学生却只字不提,甚至有时会把"学法指导"误解为是为学生解答疑问、学生简单的技能训练等。

4. 说教学过程

这是说课的重点,最能充分反映见习教师的教学理念、教学风格和教学特色。说课时,见习教师需要特别注意把自己的教学过程设计和设计依据说清楚,这样听者才能理解见习教师的做法,由此判断整节课的设计是否具有科学性,做法是否得当。

(1) 教学思路的设计及依据

包括教学过程设计的思路、教学的基本环节及顺序安排、师生双边活动安排、实际与预设之间可能存在的差距等。教学思路要层次分明,对学生富有启发性,也应体现教师的主导作用和学生的主体作用,并对教学思路设计的理论依据加以说明。

(2) 教学重点与难点的处理

在说课时应重点突出说明教师突破教学重点和难点的基本策略,这也是教师教学深度和教学水平的体现。教师应从知识结构、教学要素的优化、练习的选择和思维训练、教学手段和教学方法的采用、对学生的反馈及对课堂生成信息的处理和强化等方面,说明在突出重点、突破难点时所采用的方法和形式。

"走进湿地"说课稿

【说教学过程】

1. 情境创设,设疑导学

出示图片:浦东南汇东滩的雪后图片(包括芦苇、白鹤等珍稀动植物)。学生初看会觉得是东北的扎龙自然保护区。让学生知道这些美景其实就在离我们不远的地方——浦东南汇东滩。联系本地乡土地理知识引入新课——湿地,激发学生对本课的好奇心与求知欲,使学生产生强烈的参与意识。

2. 目标导学,自主探究

阅读教材课文、观察图片和中国主要湿地分布图,每组选择一个问题进行探究:

（1）湿地的概念是什么？

（2）湿地可以分为哪几种类型？各有什么特点？

（3）我国湿地在空间分布上有什么特点？

（4）如果失去湿地，鸟类会受到什么样的影响？

（5）谈一谈你对"湿地是天然生物基因库"的理解。

将事先准备好的探究题展示给学生，鼓励学生积极探究，形成主动学习的态度，并在学习过程中发展合作学习的意识，让学生能与别人交流，达成共识。

有的小组运用同学们自己设计的 PPT，通过不同的湿地景观图片，介绍湿地的类型和主要特点；通过展示我国的湿地分布图，归纳我国不同类型湿地的主要分布特点。通过 PPT 图片、视频播放等多媒体技术，师生共同了解湿地的概念，认识不同类型湿地的景观，让学生直观了解湿地的重要作用，并鼓励学生充分运用信息技术，以 PPT 等形式呈现调查结果，培养学生运用信息技术进行自主合作探究的能力。

3. 问题探究，案例分析

展示"不同时期的上海地区岸线变迁图"，抛出问题，让学生探究：上海海岸线有什么变化？南汇东滩成为候鸟栖息地的有利自然条件是什么？为什么要将东滩认定为"野生动物禁猎区"？近年来为什么要开展东滩围垦行动？学生分组探究，各小组根据需要探究的问题，制定组内合作学习方案，分工合作，共同参与探究活动。各小组学生通过 PPT 等形式呈现调查结果，各抒己见发表自己的探究结果，教师在学生回答的基础上加以归纳总结。

4. 情境参与，加深理解

A 组：保护滨海滩涂湿地会阻碍浦东新区社会经济的发展，因为湿地是很好的耕地后备资源。随着上海近几年社会经济的快速发展，各项建设用地的需求呈明显的上升态势，湿地应大量围垦为耕地，以弥补土地的不足。

B 组：保护滨海滩涂湿地不会阻碍地方社会经济的发展，因为如果把湿地当作后备耕地资源，大面积开垦，势必造成生态环境的恶化，并造成经济损失，是得不偿失的。

学生各选择一方，根据所学知识及专门学习网站上的共享资源，不同观点的两方进行辩论。通过情境教学，能充分调动学生的学习积极性，让每一个学生都参与其中。借助学生的辩论，使学生进一步认识人地协调发展的重要性，牢固树立可持续发展的观念。

5. 前引外联,活学活用

学生收集资料,就一项具体的保护湿地计划进行交流,说明湿地保护与开发对区域发展的影响,了解三江平原湿地开发的历史背景。满足学生不同的地理学习需要,引领学生关注人类生产、生活与地理密切相关的领域,开阔学生的视野,提高学生的科学精神与人文素养,并将学习结果以 PPT 的形式或在专门学习网站上展示。①

5. 说突发事件的处理

信息时代的教师和学生知识面广、思维活跃,所以课堂上经常会发生一些意想不到的情况。说课时教师可以将预设的突发事件,包括学生学习和行为方面的特殊情况等进行表述,或是授课后将课堂中突发事件产生的原因、自己的处理方式及依据、处理的效果等说出,提供给听者进行研讨。

6. 说教学效果的预测与得失

教学效果的预测是教师对教学目标实现的期望,说课时要对学生的认知、智力能力发展、思想品质提升和身心发展等方面做出具体的、可能的预测。

另外,再成功的课都会有得与失,很难做到完美。教师可以从以下几个方面对自己教学的得与失进行反思。(1)回顾课堂教学中的某些情况,特别是贯彻或体现了新课程理念、先进的学生观和教学观,突出了学生在课堂学习中的主体地位等。(2)教法和学法的改进与效果,特别是在教学中如何实现素质教育的要求,以便得到其他教师的认同和帮助,改进自己的教学行为。(3)在课堂教学实践中理解、运用教学原理和规律获得的新体会与新思考等。

三、说课指导的注意事项

明确了说课的基本要求和内容,见习教师开始着手准备说课材料,带教导师应在说课的细节方面给予见习教师充分指导。

(一) 理解教材要充分

在教学实践中,见习教师缺乏对教材知识体系的整体把握,很少考虑教材严密的逻辑性和完整性,通常情况下仅仅简单罗列教材中本节课所授的知识点,是

---

① 案例来源上海市浦东新区 2014 年说课比赛崔文姬的案例设计。

一种零散堆砌。这种断章取义的内容组织形式会破坏教学内容的有机联系,降低教学内容的丰富性和完整性。教材是教学的一个基本要素,深入细致地分析教材,把握教材的编排体系是设计好每一节课的基础,是教师驾驭教学过程取得最佳教学效果的基本前提。①

例如,有位化学见习教师在"元素周期表"的说课稿中对教材的分析:

"元素周期表是中学化学教材中重要的基础理论。通过本节课的学习,可以促使学生对以前学过的知识进行概括、综合,实现由感性认识上升到理性认识;同时也能使学生以元素周期律为理论指导,探索研究以后将要学习的化学知识。因此,本章是本书乃至整个中学化学教材的重点。"

这位见习教师并没有对这一课时的教学内容与教材前后知识的联系进行分析阐述,未分析学生学习所需要的基础知识,也未分析这些基础知识可为后面哪些知识作铺垫,更没有分析本节课的重点和难点。这表明该见习教师对教材非常不熟悉,更无法完成一次说课的基本任务。所以,带教导师在对教材的分析和理解方面,要给予见习教师更深入、更具针对性的指导,指导见习教师学会抓住关键、突出重点、突破难点。

(二)分析学情要到位

见习教师接触学生的机会较少,也缺少教学实践经验,因此大多数见习教师因为对学生的具体情况不够了解,难以做到全面细致地分析学情。不能把握学生的认知特点、学习兴趣点和心理特征,便不能分析出学生已有的知识储备和生活经验等,这些会直接导致见习教师说课遇到困难。因此,带教导师要指导见习教师科学地了解学生的起点行为情况,不但要了解学生原有的知识、技能、能力,还应了解学生的学习方法、学习态度等非智力因素的情况,以便见习教师在教学设计中对学情分析更加科学合理,设计教学时能满足学生身心发展的需要。

(三)教学设计要有依据

为使说课的内容充实且具有厚重感,教师在设计教学时要遵循一定的教学理念,应用相应的教学理论。见习教师初入职场,对教学理念和教学理论的学习和运用还远远不够,带教导师不但要在学科课程理论的深度方面给予指导,而且

---

① 吴永熙,王明怡.建构主义理论与物理说课探究[J].教育科学研究,2002(05):27-30.

还应指导他们学习和运用教育学的相关理论,达到深刻掌握并能熟练应用的程度,见习教师也应具备加强自身学习和研究的意识。

（四）形成说稿,组成系统

这个过程需要带教导师指导见习教师将经过不断锤炼的说课内容按照教学设计的内在逻辑组合成一个完整的系统,使内容与说理有机融合,把一节课的教学,如茧抽丝,层层剥落,展现内在。这也会使见习教师的思考能力、逻辑思维能力等不断提升,在撰写说课稿件的实践中使见习教师的说课水平不断提高。

（五）语言表达要快速且准确

很多时候见习教师虽然已经对说课做了充分的准备,并完成了说课稿,但是在规定时间内却未能流畅地表达教学设计内容。这种情况一方面是因为见习教师对说课内容不熟悉,另一方面是因为见习教师缺乏锻炼,心理素质较差,在台上易紧张,导致不能清晰、流畅地表达出说课的内容。所以带教导师应该为见习教师提供更多的实践机会,在实践中不但要对见习教师的说课形式、语言等进行合理指导,也应注重对他们的临场表达进行指导和训练。

综上所述,虽然大部分见习教师在大学里学过教育类课程及学科课程,在见习期间也不断进行实践,具备了一定的说课能力,但带教导师仍应从多方面对见习教师进行细致的指导,促使见习教师将理论和实践相结合,将教学与研究有机结合,使见习教师的实践能力和理论水平得到提升。

第三节　走进个性化评语撰写指导

带教一段时间后,潘老师发现带教的见习教师在教育教学各方面都有了明显的进步,也能经常参与学生的学习生活,进行多方面的指导。但是让见习教师尝试撰写学生评语时却出现了较多问题,如评语千篇一律、评语无法突出学生的个性特点。应如何通过带教促使见习教师提升评语撰写水平呢?潘老师通过评语撰写训练和理论指导,让见习教师了解评语撰写的常见问题、撰写应遵循的原则与实施策略以及评语的分析方法,从而使见习教师学会个性化评语的撰写与分析。

一、评语的概述

(一) 评语的概念

评语是教师对学生在校各方面情况的总体评价,包括学生的思想品德情况、学习情况、人际交往情况等。真实贴切的评语一方面能让学生认识自我、悦纳自我、反省自我和提升自我,继而进行有针对性的改进,另一方面也能让教师在撰写评语的过程中更加了解学生。评语是教师与学生、与家长沟通的重要手段。每个学生都是独立的个体,有自己独特的生活背景、年龄特点、性格特点、兴趣爱好,教师在撰写评语时,要考虑到学生的独特性和个体性,即需要撰写个性化评语。

(二) 个性化评语撰写中常见的问题

短短几句评语并非易事,教师在撰写时容易出现很多问题。王瑛认为教师撰写评语时容易出现内容失真、空泛、跑题、冷漠,表达不规范、太花哨、不得体的问题。[①] 王礼平认为,撰写评语应忌泛泛而谈、以偏概全、生硬粗暴。[②] 总体而

---

① 王瑛.中小学操行评语撰写中存在的问题及对策[J].教学与管理,2016(19):28-30.
② 王礼平."三要三忌"写评语[J].思想政治课教学,2011(03):88.

言,教师撰写评语时主要存在以下问题。

1. 评语内容失真或内容空泛

很多教师未能正确认识评语在家长和学生心目中的分量,没有认识到评语在教育中的重要性,因此撰写的评语内容较空泛,如"该生学习认真,态度端正";抑或平时对部分学生关注不够,导致对学生不够了解,撰写的内容失真。这样不仅不能使家长和学生了解该生在校期间的真实表现,也会失去家长和学生的尊重与信任。

2. 评语生硬粗糙

评语不仅是让家长和学生了解该生在校学习生活情况的依据,也是增强师生情感,提高家长和学生对教师的信任的重要手段。因此,教师在撰写评语时,不能居高临下地用"挑剔"、生硬的话语来形容学生,更不能用投诉、鄙视等话语来评价学生,应该用委婉的话语来表达,使评语既起到警示的作用,又能让学生感受到老师的关怀。如学生特别顽皮,上课喜欢打闹,教师在撰写评语时不能简单生硬地总结为"你上课顽皮,喜欢打闹,扰乱课堂秩序,希望能改正",不妨以下面这种方式试试:"你是一个调皮而又可爱的孩子,老师喜欢你。可是如果这种调皮出现在课堂上,不但老师不喜欢,同学们也会不答应。老师相信你以后一定会改正缺点,成为人人喜爱的调皮有度的好孩子!"[①]这样的撰写将学生存在的缺点委婉地指了出来,又写出了对学生的期待。

3. 评语以偏概全

学生个体呈现的某些行为往往由多种因素造成,但在撰写评语时教师容易以偏概全,用学生的部分特点来总结学生。例如,因为一次偶然的失误而彻底否定学生,在不了解事实真相的情况下简单"定罪",这样很容易伤害学生的自尊心。

4. 评语未能促进学生反思

评语一方面是对学生一定时间内学习和生活的总结,另一方面也体现出教师对学生的期待,可以使学生认识自己、了解自己,并且对自己提出要求,有明确的前进方向。教师在撰写评语时容易忽略这一点,只是对学生的表现进行简单描述,如"你是一个聪明伶俐的孩子,学习认真,老师希望你继续加油",或者是

---

① 王凤霞,崔守荣,杨学珍.撰写操行评语四戒[J].中国成人教育,2001(03):40.

"你性格温柔,学习认真,但是还有很大进步空间,继续加油",这种评语没有明确点出学生须反思改进之处。

5.个性化特点不突出

教师撰写个性化评语时不能忽略评语撰写对象的差异,不能用简单的话语笼统概括,让人无法辨认描述的是哪位学生,这样的评语未能发挥评语真实描述、评析的作用。

基于上述问题,带教导师需要让见习教师了解评语撰写易出现的问题,避免出现类似的失误,逐渐撰写出个性化的评语。指导教师撰写评语,带教导师可采用直接灌输式,即带教导师直接告知见习教师评语撰写的要求,避免出现实践中已出现的问题;也可以采用引导式,即带教导师提供多种评语让见习教师阅读、剖析、总结。无论哪一种方式,其目的都是为了让见习教师撰写评语避免出现类似的问题。

二、个性化评语撰写的原则与指导策略

(一)个性化评语撰写的原则

针对实践中出现的问题,很多教师提出了有针对性的措施,形成了系列化的评语撰写原则。如刘小华认为,撰写评语需要言之有据、言之有情、言之有度、言之有理、言之有文。[①]

言之有据:教师撰写评语要有根有据,教师应多角度地观察与了解学生,深入学生的精神世界,在细微之处发现学生的闪光点,找出学生的不足,从而全方位立体地有根据地为学生撰写评语。

言之有情:教师要将对学生的认真负责与爱融入语言中,让学生有所体会。教师在撰写评语时应把对工作的负责心与对学生的热情化为细腻的文字,细微之中彰显学生的闪光之处,言语之间见师爱。

言之有度:撰写评语时教师要真情说优点,委婉批评不足,点拨促反思。教师的评语既要有广度深度,又要把握评语的分寸,真正起到启迪与点拨的作用,让学生可了解自己的优点,知道自己的不足,扬长避短,充分发挥自己的潜能。

---

① 刘小华.撰写评语六原则[J].教学与管理,2006(20):14-15.

言之有理:教师在评语中巧妙地运用名言警句,让学生在感悟中深深铭记。名言警句比空洞说教更有效果,润物细无声。

言之有文:教师撰写的评语语言要精美,让学生感悟到语言的魔力。没有文采的评语缺乏亲和力,既不能树立教师的威信,也难以让学生接受。

(二) 个性化评语撰写的指导策略

见习教师了解撰写原则和评语撰写中易出现的问题后,应结合每一位学生的特点撰写个性化的评语,充分发挥评语的评价反馈和激励功能。每位学生都是独特的,每一个与众不同的学生带着千差万别的已有经验、个性特征、学习兴趣和学习风格等走进校园。教师既需要认识到每个学生是一个独特的个体,更要认识到每个学生在不同方面都存在差异。① 教师只有关注每一位学生,才能了解学生,撰写出真实具体、重点突出、激励学生的个性化评语。

1. 带领见习教师多维度观察学生

学生在校期间会发生很多与其性格特点相关的事件,如师生和生生之间的人际交往、与学习行为相关的心理特征(学习坚持性、学习目的、思维特点等),极少数学生还可能存在心理问题。抓住具体的观察维度,可有效帮助见习教师高效地识别学生,全方位了解学生,不仅有助于评语的撰写,也有利于教育教学工作的开展(具体维度可参考表4-5)。

> **小贴士**
>
> 观察维度可根据需求自定义,观察前需对维度有正确且充分的认识。

表4-5 观察学生的维度统计表

一级项目 观察范畴	二级项目 观察角度
性格特点	人际交往
	活动态度、纪律性、自控性、活动能力
	对自己的认识、态度而形成的个性
学习行为	非智力特点
	智力特点

①② 徐红.让每一个孩子成为与众不同的自己[M].上海:上海教育出版社,2017:65-66.

（续表）

一级项目 观察范畴	二级项目 观察角度
心理问题	一般心理问题
	问题行为

2. 引导见习教师进行描述性记录

教育实践中教师撰写评语常见的问题是空洞、泛泛而谈。由于见习教师大部分并未接受过撰写评语的专业指导，对评语的印象大多停留在自己学生时代的"该生积极主动""该生聪明伶俐"等文字。带教导师应指导见习教师学会撰写个性化的学生评语。撰写个性化评语，教师可通过具体的事例了解学生，进行描述性记录，据此撰写的评语可以真实而具体。

（1）及时记录观察情况

记录应为描述性记录，不带有主观判断，应叙述学生在事件中的行为、情绪和心理等问题。如某校见习教师 A 观察到班级里某位学生一直在坚持英语配音打卡，于是记录到："进入初三后，想必她的学习压力更大了，但她在朋友圈的英语配音打卡依然没有停止，周六又看到了她的更新"，该教师的记录带有主观判断，认定学生进入初三后学习压力变大。虽然实际情况可能确实如此，但教师在未向这位学生求证的情况下直接这样叙述实为不妥，可以更改为："进入初三后，她在朋友圈的英语配音打卡依然没有停止，周六又看到了她的更新"。

（2）定期将记录归类

一方面，教师不能凭借一次记录、一个事件就对学生做出判断；另一方面，通过教师的引导、学生自己的成长和家长的引导等，学生在不同阶段会出现不同的表现，有些变化非常明显。所以见习教师需要定期将记录归类，在积累与对比中发现学生的细微变化，这也有助于教师从细微处、从真实的事件中了解学生。如见习教师 A 观察到某位学生在一段时间内上课东张西望，但后来上课非常认真，教师可以将这类记录归类，对比分析转变的原因、时间等要素。

3. 多方交流，正确认识学生

在现代社会中，环境对青少年的性格养成、学习习惯、兴趣发展等的影响与日俱增，家庭、学校、社会的参与对学生的个性产生不一样的影响。所以，教师除了观察了解学生外,还要加强与学生的家长和同伴的交流,向身边不同的人了解同一个学生。

要向家长了解学生,见习教师可用家访、面谈和网络的方式,加强与家长的沟通。一方面可以将学校发生的事告知家长,与家长共同探究学生进步的原因或存在的问题;另一方面可以聆听家长对学生的描述,两相对比,分析学生在校和在家的表现是否一致并分析原因。任课教师直接参与学生的学习生活,因近距离、长时间的观察会比较了解学生,所以见习教师可以与同事加强沟通,从不同教师看待问题的不同视角来观察、分析学生,确保观察记录更为合理有效。除此之外,随着新媒体的发展,越来越多学生会在微信公众号、朋友圈等发表自己对某事的看法或撰写相关文章,彰显自己的想法与个性特点,这也为教师了解学生增加了新的渠道。

总之,见习教师在撰写评语时,一定要注意真实具体、重点突出、激励学生,要将日常观察记录和多方交流相融合,为学生撰写客观公正的评语。

三、个性化评语记录分析的指导

撰写评语的目的不仅是教师与学生、教师与家长的沟通,更是教师选择继续引导和教育学生的策略的基础。对见习教师而言,除了学会日常观察与记录,还应学会在撰写评语后进行分析,这种分析将对教育教学更为有效。教师可以根据记录对学生进行多维度的分析。

(一) 文字分析

文字分析是教师从不同维度对日常观察的文字资料进行整合,从而分析学生在该维度上的行为表现。下面以教师对杨同学的日常记录进行分析。

案例 1

杨同学记录分析[①]

老师对杨××同学的记录有 25 条,记录维度包括同伴交往、学习状态、学习意志、自我评价、对抗行为、情绪反常等,其中"学习状态"维度的记录有 14 条,关键描述如下:

---

① 徐红.让每一个孩子成为与众不同的自己[M].上海:上海教育出版社,2017:183.

平时根本不学习，最常做的事情就是睡觉，经常不完成作业，自修时间桌面常收拾得很干净，无事可干。

上课提问他时，他把眼镜放在眼前说看不清黑板上的字，到了下课时间已将书本全部放入书包等着放学。

杨是各科老师心目中的差生，今年我给他辅导，我不断尝试激发他的兴趣，他进步很快，信心有所增强。

对自己要求不够严格，开学两周连续迟到两天。在开学的摸底考试中成绩较差，特别是作业不够认真。

数学基础差，我经常把他找进办公室订正作业。他总是充满了问题，有想要弄明白的那股劲。

在整理中发现，教师对小杨同学的描述具有一致性，也有完全相反的记录。对一个正在成长的青少年，教师应对其进行多角度的分析，以便进行全面考察。上述描述记录说明，杨同学有时候也想弄明白一些问题，在老师激发他的兴趣时，他的信心也有所增强，这说明他也具有认真的心，只是持续性还不够。

"对抗行为"的记录：

经常对抗校规校纪——上体育课没穿运动裤，老师让他去借，换好再来，他却干脆坐在教室不下来了。

恶作剧、开心取乐——班主任将他的位置换到了第一排，我发练习纸时他把同排同学的扣下，折成纸飞机扔向该同学，然后他又举起另一只纸飞机说："这是我的，你要不要？和你换。"该生只得作罢。

对抗行为，教师还有如下记录：

同学们告诉我杨××中午从来不去食堂，每天都吃自己带来的面包。

除此之外，"行为反常"维度教师记录如下：

教务处要求学生交"学生情况表"，班主任多次催要他都没有交，后来教务处老师把他喊去当面填了一张表，但至今他仍没有交照片。

食堂通知交饭费，班主任当面通知了他三次，他每次都答应但都没有交。食堂打来电话，班主任要求杨××立刻离开教室去交钱，他答应并转身离开。之后，班主任遇到财务老师，财务老师却说杨××的饭费还没有交。

多维度的行为记录，可以使教师全方位、多角度地了解学生。例如，通过对小杨同学的多难度分析，不难发现这个孩子非常聪明，个性鲜明，也有向上拼搏的劲,但在某些方面还存在对抗行为,有点"小叛逆"。教师可以在适当的时机与他谈心,了解他的所思所想、他的叛逆来源、他的兴趣点,以及他对某些课程不感兴趣的原因。这样多维度的文字分析虽然花费时间和精力较多,却能更真实地呈现学生的特点,为教师了解学生以及采取适宜的教学方式、生活和心理辅导方式奠定基础,也为撰写个性化的评语提供依据。

(二) 量化分析

量化分析是指教师在不同维度对学生行为记录的事件进行打分,这是在描述性记录基础上的主观评价,也是对描述性记录的辅助。见习教师可以将学生的行为进行正值与负值归类,填入设计好的表格中,并统计学生的表现情况。下面案例中的教师以量化的方式对某位学生的行为进行记录,共 25 条,其中正值23 次,负值 2 次,记录分布在各个不同的维度(见表 4-6)。

表 4-6　学生行为量化分析表[①]

三级分类	记录数量(次)	记录正值数量(次)	记录负值数量(次)
同伴交往	3	3	0
师生交往	0	0	0
集体活动	1	1	0
自我评价	3	2	1
学习状态	9	9	0
学习意志	3	2	1
思维特点	2	2	0
创造能力	4	4	0
情绪反常	0	0	0
行为反常	0	0	0
对抗行为	0	0	0
攻击行为	0	0	0
合计	25	23	2

通过日常的观察、记录和分析可以使教师和学生之间的关系更为紧密,教师

---

① 徐红.让每一个孩子成为与众不同的自己[M].上海:上海教育出版社,2017:183.

也能有意识地观察、记录、分析学生的个性特征,从而全面、准确地了解学生,认识学生。全方位、多角度地观察学生,有助于教师撰写个性化评语,也可以使学生对教师产生认同感和亲切感,促进师生关系的和谐发展,并进一步反馈于日常的教育教学。这是教师专业发展道路上极其重要的过程,对见习教师也不例外。

评语不是简单的几句话,也不是泛泛而谈的夸奖与批评,而是对学生的客观认识。见习教师通过有目的的观察(观察维度)、描述性统计和合理的分析,才能撰写出言之有据、言之有情、言之有度的优质评语。

第五章

带教导师高阶修炼

成熟的带教导师表现出明显的稳定性,同时也因其资深的带教工作经历、较高的教学水平和较为扎实的理论功底,专业达到了成熟状态,在带教工作中思考问题的深度也在不断加深。因此,成熟期的带教导师需要从研究的角度思考自己的带教工作。本章将为成熟期的带教导师的研究带教工作支招。通过本章的学习,带教导师将了解如何指导见习教师开展专业阅读、如何指导见习教师开展微型课题研究,以及如何指导见习教师解读课程标准。

第一节 专业阅读指导

张老师已指导见习教师多年,是一位资深导师。今年她与其他两位数学骨干教师共同承担三位青年见习教师的带教任务。为使见习教师更快地成长,张老师又开始思考新问题。她发现,带教导师工作职责中要求"择优推荐见习教师参加区级师德征文和演讲、参加学校组织的读书总结交流活动、撰写教后反思、质量分析报告"等,见习教师要完成这些培训任务,需要以一定的阅读、写作能力为根基。基于自己多年的阅读经历,此次带教张老师决定带领见习教师走进专业阅读,用专业阅读的方式加快见习教师的成长。

一、专业阅读概述

(一) 专业阅读的概念

阅读是个人成长的必要途径,在全面提倡全民阅读的今天,教师的阅读尤其是专业阅读也逐渐引起广泛重视。对教师而言,专业阅读不仅可以丰富学识、满足精神生活的需要,更可以与大师对话、和名校交流、拜专家为师、以学者为友,成为实现自我专业进步与发展的捷径。

专业阅读是指专业人员阅读本专业或工作相关资料的阅读行为。通俗地说,是为开展工作而进行的阅读,是知识性阅读,是有目的的,带有功利色彩的阅读。[①] 这里对专业阅读的界定强调两个基本点,即阅读者所阅读的是与自身从事的专业或工作相关的内容,并且阅读具有一定目的性。

关于教师的专业阅读,朱永新、魏智渊等学者认为,教师专业阅读应以实践

---

① 陈宏宙,霍彩玲.图书馆员的专业阅读漫谈[J].当代图书馆,2014(03):7.

中的问题解决为中心①，通过知性阅读的方式阅读奠定教师精神及学术根基、影响和形成其专业思维方式的经典书籍②。因此，教师的专业阅读除具有目的性（旨在专业发展）与结构性（阅读专业内容）两大特点外，还具有一个重要特点，即应用性（解决专业问题）。

（二）专业阅读的意义

阅读对个人成长的重要作用已经得到大家的共识。教师的专业阅读应当有别于一般阅读或其他行业的专业阅读，有其独特的价值与意义。

1. 教师阅读的意义

苏霍姆林斯基在《教师的时间从哪里来》中讲述了一个案例：一位30年教龄的教师上了一节非常精彩的公开课。课后，一位教师跑过去请教："您的课太精彩了，您把心交给了学生。您的每一句话都具有巨大的思想威力。请问，您花了多少时间来准备这节课？可能不止一个小时吧？"那位教师说："这节课，我准备了一辈子。而且，一般来说，每堂课我都准备了一辈子。但是，直接针对这个课题的准备，或者说现场准备，则仅花了大约15分钟。"③这个例子蕴含着"终身备课"的思想，以及量变的积累引起质变的哲学道理。教师要想把课讲得精彩，不是一蹴而就的事情，而需要经过大量的积累，这种积累一方面是教学经验的积累，更是阅读量的积累。

2. 教师专业阅读的意义

尽管教师都认同阅读的重要性，在工作生活中也注重阅读。然而，对教师阅读的一项调查发现，多数教师的阅读集中在人文、休闲、新闻类。④ 这样的阅读过于大众化，和其他行业人士的阅读没多大区别，不能满足教师专业发展的需要。

一般而言，教师阅读大致分为专业性阅读、日常性阅读、休闲性阅读、公共性阅读四种。其中，专业性阅读是教师的必然选择，其他阅读是必要补充。⑤ 之所

① 魏智渊.教师阅读地图[M].北京:文化艺术出版社,2011:1-2.
② 朱永新.专业阅读:教师专业发展的基石[J].教育科学研究,2009(06):1.
③ [苏]苏霍姆林斯基.给教师的建议[M].周蕖,王义高,等译.湖北:长江文艺出版社,2014:25.
④ 王俊山,卢家楣,刘利平.上海市中学班主任阅读现状的调查研究[J].上海教育科研,2014(07):33-36.
⑤ 廖照兴.语文教师阅读与专业自主发展研究[D].上海:华东师范大学,2009.

以把教师的专业阅读放在如此重要的地位,是因为教师的专业阅读与其专业发展息息相关。美国学者斯蒂芬·D. 布鲁克菲尔从教学实践的角度研究阅读,认为阅读在教师专业成长中具有非常重要的地位,阅读文献是教师反思教学实践的重要视角之一。著名教育家朱永新教授认为,"如果没有教师的专业阅读,就没有教师真正意义的成长与发展",强调"专业阅读是教师专业发展的基石"。① 甚至有的学者把"阅读专业文献并与同事讨论"列为中小学教师十项专业发展活动之一。②

综上所述,教师开展专业阅读,其主要目的在于解决教育教学工作中遇到的难题;或是汲取、积累教学经验或案例,以提升自己的课堂教学技能;或是拓展教师的专业视野,促进教学反思;等等。总之,教师开展专业阅读的最终目的是促进自身的专业发展。正因为如此,一些学校开始注重教师的专业阅读,并通过组织教师开展专业阅读活动,在增加教师的专业知识、促进教学反思、提高教研能力与增强人际技能等方面,都有了显著成效。③ 因此,教师如果要提升自己的个人素质,促进自身专业发展,一项重要且必不可少的技能就是专业阅读。

3. 见习教师专业阅读的意义

上海市中小学(幼儿园)见习教师规范化培训的内容与要求中,明确规定中小幼见习教师必须精读导师推荐的专业书并撰写读书笔记。这样的要求与规定源于专业阅读对教师(特别是见习教师)的专业成长具有非同寻常的促进作用。但在教育实践中,新手教师专业阅读的表现不容乐观。不少有关专业阅读的教师调查显示,教师的专业阅读量与教龄成正比,即教龄较少的教师的专业阅读明显弱于其他教龄(特别是教龄丰富)的教师。

美国学者 Thomas W 的调查显示,教师专业阅读所花时间与教师经验的年限有正相关。有十年以上教学经历的教师中仅有3%不进行专业阅读,而三年以下教学经验的教师不进行专业阅读者占16%。有六年以上教学经验的教师,其

① 朱永新.专业阅读:教师专业发展的基石[J].教育科学研究,2009(06):1.
② 崔允漷.关于我国当前中小学教师专业发展活动的调查研究[J].全球教育展望,2011,40(09):25-31.
③ 孙炳海,叶志雄,李伟健,俞晓妍.读书会与学校读书会:对教师专业发展的意义[J].教师教育研究,2010,22(06):48-52.

中21%的教师每周阅读1~2小时;有10年以上教学经历的教师,每周专业阅读时间达2小时者占14%;而三年以下教学经历的教师仅有5%。[①]

袁春香在调查研究中发现,不同任教年限的教师在专业阅读习惯上存在显著差异。例如:教龄在20年以上的教师在"经常阅读"选项上显著高于教龄在5年内的教师;教龄在5~10年的教师在"课本解读"选项上显著高于教龄在5年以内的教师;教龄在5年以内的教师在阅读"文学作品"上显著高于其他三段教龄(即教龄为5~10、教龄为10~20年及教龄在20年以上)的教师。[②]

新手教师在专业阅读的时间、内容和阅读习惯上都明显差于教龄更长的教师,其重要原因就是见习教师未能意识到专业阅读的重要性,也未曾体验过专业阅读给自身专业发展带来的巨大帮助。因此,带教导师应使见习教师意识到专业阅读对自身职业规划以及专业发展的重要意义和价值。

首先,见习教师从教的第一年最重要的学习内容是把学校中学习的理论知识转化为教学中的实践知识。而拉近理论与实践最好的方式就是让教师进行专业阅读。其次,见习教师在教学实践中遇到的问题往往多于老教师,专业阅读可帮助见习教师研究和解决自己在教学中遇到的问题,增长知识与技能。再次,见习教师站稳课堂的一个重要标志是赢得学生的认可。教师拥有良好的阅读能力,不仅有助于建立良好的师生关系,而且有利于激发学生的读书兴趣。正如苏霍姆林斯基所说,"如果你的学生感到你的思想在不断地丰富,如果学生深信你今天所讲的不是重复昨天讲过的话,那么阅读就会成为你学生的精神需要"。[③]

总之,专业阅读是见习教师需要具备的专业技能,也是非常容易被他们忽视的专业技能。带教导师需要引导见习教师理解专业阅读对教师专业发展的重要性,从而树立专业阅读意识,学习专业阅读技能,体验专业阅读带来的成长喜悦,使专业阅读成为促进自身专业发展的重要途径。

---

① George Thomas W., Ray Steven. Professional Reading-Neglected Resource-Why? [J]. The Elementary School Journal, 1979(01):29-33.

② 袁春香.南昌市小学语文教师专业阅读现状研究[D].南昌:江西师范大学,2015.

③ 高万祥.教师,为什么要读书——学习苏霍姆林斯基教育思想札记[J].中学语文教学参考,2002(Z2):11-14.

二、专业阅读的内容选择

(一) 教师专业阅读的内容

关于教师专业阅读的内容,学者们有不同的见解。如刘志平认为,教师专业阅读包括学科基础知识、教育学科知识、教育实践知识和一般文化知识。[①]

(1) 学科基础知识也称学科专业知识或本体知识,指教师执教具体学科教学所必备的专门学科知识,如语文知识、数学知识。学科专业知识是教师开展学科教学的基础,包括学科的发展历史、学科特点、学科体系等。教师只有具备广泛的、扎实的专业基础知识和深厚的专业功底,讲课时才能游刃有余,充分体现本学科的特点和魅力。

(2) 教育学科知识也称条件性知识,指教师作为教育专门人才所必备的知识,这是教师从事教育教学工作的必备条件,也是区别于其他行业的重要标志,包括教育学知识、心理学知识等。教师必须大量阅读、学习相关教育书籍,才能更好地运用专业的理论和方法教好学生,提高自身的教育教学水平。

(3) 教育实践知识指教师在日常教学实践中,经过不断体验、感悟、反思而形成的知识,也是教师在教育教学中实际运用的知识。教师的实践性知识包括教育信念、自我知识、人际知识、情境知识、策略性知识、批判反思性知识等。为获得此类知识,教师应多阅读一线教师教育教学经验方面的书籍,促使自己不断反思和总结,增长教育智慧,提高教育教学水平。

(4) 一般文化知识。除专业知识外,教师还应具备广博的文化知识,要积极打开自己的视野。教师具有丰富的学识,是使课堂教学生动活泼、充满启发性和创造性的必要条件,若教师学识高、广、深,则学生会由衷敬佩,从而对学科学习产生浓厚的兴趣。

朱永新教授将教师的专业阅读分为学科本体性知识、人文科学知识和教育学心理学知识三大类型,并以中学语文为例列出了具体的阅读内容体系。(1)本体性专业阅读,中学语文教师要以字词语句篇章修辞文体文学文化精神思想为阅读本体;(2)条件性专业阅读,即教育学、心理学及职业知识的阅读,从而形成一种对具体的本体知识做出教育学和心理学解释的知识与能力;(3)拓

---

① 李玲.教师专业阅读的规划[J].中国教师,2010(24):40－41.

展性专业阅读,教师要博览群书,既要阅读人文社科知识,还要涉猎自然科学知识,以百科知识来丰富自己。三种类型的专业阅读应分别为 50%、30%、20%。而其中条件性专业阅读与拓展性专业阅读是所有学科教师专业阅读的共同之处,各学科教师阅读的区别在于各自的本体性专业阅读不同,也有学者称之为学科阅读。①

(二) 见习教师专业阅读书目推荐原则

基于教师专业阅读的基本内容,结合见习教师的群体特征,带教导师推荐专业阅读的书目时应遵循如下三个原则。

1. 契合专业发展阶段

教师的专业成长具有阶段性特点,教师在不同阶段的认识水平和教学水平存在差异,面临的问题也具有差异性。因此,带教导师为见习教师推荐专业阅读的书应当有所侧重。

见习教师刚刚从事教育教学工作,需要适应新的角色、新的工作环境和工作方式,建立和谐的人际关系。见习教师在职前已经对工作的性质、地位、作用、价值、职责、角色等在理论上形成基本的认识,但若想在工作之初就快速完成由学习者向教育者身份的转变,胜任实际的工作任务,还必须在职业适应期内尽快对工作环境有个清晰的认识。为此,见习教师可以阅读与教师实际工作环境相关的书籍。

2. 遵循知识体系导向

不同学科都有其自身的特征,教学方法也存在差异,因此不同学科教师的专业阅读书目也应围绕本学科进行选择。见习教师普遍还处在专业适应与过渡期,这一时期面临的最大困难是尽快适应教学工作,故一般文化知识,如文史哲类的书籍、纯教育理论类的书籍等,对见习教师解决现实教学中的问题效果不大。因此,他们应先阅读教学技能类的经典著作或优秀教师的教学案例等书籍,帮助自己快速解决教学中的实践问题,实现理论向实践的转化。

3. 凸显导师研究专长

见习教师的专业阅读需要带教导师的指导与引领,导师可以结合自己的研

---

① 余国源,余熹微.试论中学语文教师专业阅读"六级水平"模式[J].科学咨询(教育科研),2011(12):50-52.

究专长为见习教师推荐书目。专业阅读需要专业的引领,对见习教师而言尤为如此,带教导师对书目的理解越深刻,并与自身教育实践紧密结合,指导见习教师进行专业阅读就会相对更到位,见习教师从中获得的价值也会更大。因此,从导师自身的研究专长为见习教师推荐专业阅读的书目,也不失为一个选择要点。

总之,带教导师为见习教师推荐书目时,可以遵循单一原则,也可以综合考虑。例如,带教导师潘老师根据知识体系导向原则和自身研究专长原则,为见习教师推荐专业阅读书目。

鉴于我在黄建初名师基地以及正在参与的民间共读群的一点阅读经验,在制订带教计划时,针对学员的阅读,我提出导师加学员组成"六人共读群"的建议,得到大家的认同。经过协商,我们选择了章建跃参与主编的《数学教育心理学》作为共读书籍,且由我制定了一个共读规则。就这样,我们开启了见习带教的"共读"历程。①

三、专业阅读的方法指导

选择合适的阅读书籍后,如何阅读决定了专业阅读对教师专业发展的促进成效。带教导师应指导见习教师学会专业阅读的相关方法,学习把一本书读懂、读透、读活。对于专业阅读的方法,理论界有各种不同的提法,结合见习教师的特点,带教导师应对见习教师的专业阅读提出相应的阅读要求。

(一) 批注式阅读

专业阅读与其他日常性阅读、休闲性阅读、公共性阅读的不同之处在于,它通常需要通过勾画、批注、摘记、体悟等形式,留下阅读的痕迹。留下的痕迹越多、越深,阅读的收获往往越大。例如,库老师在开展批注式阅读时感受颇深。

在阅读《差生心理与教育》时,书本上的勾画、批注密密麻麻,书页的空白处都写满了;有一些术语、概念,不太理解的,就圈出来,从网上查阅相关资料,对它进行解释;将有些关键的语句勾画出来,并摘抄下来,方便以后查阅;有些地方与之前的阅读相通,就把自己的思考写在旁边。②

为了帮助见习教师切实开展专业阅读,带教导师应要求其进行批注式阅读。

---

① 案例来自于潘清老师的带教案例。
② 库亚鸽.教师专业阅读,给你成长的自信[J].新阅读,2018(10):37-38.

因为批注式阅读,是一种研究性阅读,是一种以主动探究为核心的阅读实践活动,是一个动态的思维过程。只有进入研究性阅读学习,见习教师才能结合自身的特点主动探究书籍中的知识。简而言之,批注式阅读可以使见习教师的阅读由被动阅读变为主动阅读,并使阅读走向深处。

在进行批注式阅读时,带教导师应指导见习教师掌握批注式阅读的基本方法。

1. 基础性批注

对书籍中的基础理论性知识进行圈点勾画,应通过查阅相关资料了解不太理解的术语、概念,从而把握书籍的整体内容与重要理念。

2. 感受式批注

阅读时应记下对所读书籍某处的理解和感受,或经过实践体验后的收获等。专业阅读的目的是解决教育教学中的实际问题,见习教师进行专业阅读时要注意借助专业书籍引导自己的教学实践,不断改进和提高自身的教育教学技能。因此,在进行感受式批注时,带教导师应指导见习教师注意将理论与实践相结合。一位老师在阅读薛法根的《现在开始上语文课》时,写下了以下感受式批注。

《爱如茉莉》:板块三对文章情感的理解部分,我完全没想到,薛老师竟然抓住了一个"哦"字来展开——这个字是什么意思?蕴含什么意味?表达了什么?这样的问题非常开放,让学生有很多话可说,学生的回答也精彩纷呈。

这只是一个缩影,在薛老师的课堂上,他不仅能抓住关键字词(有时是生字,有时仅仅是一个叹词"哦",有时是一个省略号),而且能将写作背景、作者生平等在不经意间介绍给学生。这些内容综合起来,可见他备课时在文本解读上所下功夫之深。曾听杭州刘发建老师说,他备课时要研读文本数遍之多,我这才理解其中之意。任何文章,都需要从几个方面进行解读,字词的安排、语句的理解、中心与单元内容的整合,等等。①

3. 疑问式批注

教师在阅读中产生的疑问、困惑、迷茫也应予以批注。在专业书籍中,作

---

① 谢勇,《好好上语文课——读〈现在开始上语文课〉所感》,发表于微信公众号"课例研修小磨坊"。

者往往会阐述很多新理念、新方法,教师应写下批注以便通过其他方式进行解惑。

4. 补充式批注

作者在书籍中讲得不够透彻的地方,或是读者阅读后产生了新的见解,都可以用这种批注方式进行补充。

总之,批注式阅读的方法很多,带教导师应指导见习教师带着问题去读,把阅读与自身教学紧密联系起来,边读边记,边读边思考,从书中汲取营养和灵感,获取理念与方法,以便更为有效地解决自己的问题。

> **小贴士**
>
> 在进行批注时,可采用两类形式:一是直接在书籍空白处批注,二是摘录需要批注的段落后进行批注。后者往往可以思考更为充分,并弥补书籍空白处不够书写的缺陷。

(二) 反思式阅读

子曰"学而不思则罔,思而不学则殆",教师的专业阅读不是单纯的读,而是与"思考—实践—再思考—再实践"相伴而生。因此,带教导师在指导见习教师进行专业阅读时,还需要关注并引导见习教师进行阅读反思。

反思是教师专业发展和自我成长的核心因素,因此在阅读过程中见习教师需要结合自己的教学实践,把书籍中的理论、案例等与自己教学工作中的难点、疑点联系起来,进行反思总结,通过借鉴他人的经验来提高自身能力。例如,带教导师可引导见习教师一边阅读一边写反思日记,联系自己在教学中存在的实际问题进行反思;也可以让见习教师完整地读完书籍后,针对自己感触最大的地方进行反思总结。

带教导师还应引导见习导师将反思性阅读中的"思"落实到"写"上,即写下自己的反思体会。阅读后的反思性写作是专业阅读的最佳呈现形式。朱永新教授在探索教师专业发展模式上,提出了著名的"专业阅读+专业写作+专业发展共同体"的"三专模式"。他认为专业阅读是站在大师的肩膀上前行,专业写作是站在自己的肩膀上攀升。教师既要通过阅读汲取前人留下的知识与经验,也要通过写作表达、反思自己的所读所感,读和写两者很好地结合起来才能更好地提升自己。带教导师要引导见习教师阅读,重视让见习教师撰写反思总结,并及时地予以点评指导,帮助见习教师更为有效地,也更有动力地开展专业阅读。

（三）SQ4R 式阅读

尽管很多教师认同专业阅读的重要性，但在具体实践中却很少开展专业阅读。究其原因，主要在于很多教师认为专业阅读，特别是阅读专业性文献、书籍很难。老教师尚且如此，对见习教师而言专业阅读难度更大。带教导师可以借鉴库恩的 SQ4R 阅读方法[①]，引导见习教师进行专业阅读。

SQ4R 分别代表概览、提问、阅读、测试、想一想、复习。

概览（Survey），即在开始阅读一章之前，先浏览一遍本章内容，对所要阅读的材料有全面的了解。提问（Question），即阅读时从每个标题中引出一个或几个问题，让自己有目的地阅读。阅读（Read），即通过阅读找到自己针对标题提出的问题的答案，每阅读完一个标题就停下来思考自己的问题是否得到解决。测一测（Recite），即读完一小节之后，就在脑海中尝试解答自己提出的问题，最好做简要笔记，总结所学内容，不断问自己这一部分的中心思想是什么，如果不能回答自己的问题就要重新阅读。想一想（Reflect），即自我反思和批判性思考。自我反思是将书中的内容与自己的经验结合起来理解，批判性思考是不断地思考作者观点的正确性。复习（Review），读完一段或一章后，需要回顾所学内容和所记笔记，复述中心思想，解答自己所提的问题。

库恩认为，SQ4R 是阅读教材的最佳方法。阅读教材与专业阅读的相同之处在于，都需要用心地阅读、思考和体验。因此，带教导师可尝试运用 SQ4R 阅读法指导见习教师进行专业阅读。需要注意的是，运用 SQ4R 阅读法时，带教导师需要引导见习教师在阅读中始终保持与教学实践的联系。例如，"提问（Question）"步骤时，所提的问题应是与自身教育教学有关的问题，以便带着解决教学中实际问题的目的进行阅读。

正如库恩所言，运用这个方法感觉会让阅读变慢，但是能够加深理解，为今后所用。所谓"慢就是快"，用专业阅读中一时的"慢"，赢得见习教师专业发展过程的"快"，何乐而不为！

---

① ［美］丹尼斯・库恩.心理学导论:思想与行为的认识之路［M］.郑钢,等译.北京:中国轻工业出版社,2014.

四、专业阅读共读引领

基于专业共同体的团队阅读是促进教师专业阅读最为有效的方式,带教导师在指导见习教师进行专业阅读时,可成立共读小组来开展专业共读。可以是单一的带教导师与所带教的见习教师建立师徒共读小组,也可以是同一学科的带教导师与见习教师建立联合师徒共读小组,还可以是跨学科、跨身份、跨学校的多类型共读小组。例如,不同学校相同学科的带教导师达成共识,可以一起组建共读小组;如果共读通识类的书籍,同一学校不同学科的带教导师与见习教师,可以一起组建共读小组;如果学校或导师原已组建共读小组,共读的书籍也正好适合见习教师,那么两类共读可以合并。总之,组建共读小组是为了更好地帮助见习教师开展专业阅读。带教导师组建共读小组后,在开展共读活动时需要注意以下事项。

(一)共读中的领读

专业阅读之所以难以进行,主要原因是教师觉得专业书籍或专业文献难读。因此,共读小组进行共读时,可以用领读的方式推进。

1. 领读人员

领读人员可由带教导师和参与共读的见习教师共同承担,轮流进行领读。根据学习金字塔理论,传统讲授式的被动性学习,学习内容留存率为5%左右;活动参与式的主动性学习,学习内容留存率为50%~70%;而通过教授给他人的主动性学习,学习内容留存率为90%左右。轮流领读的用意也是如此,听别人领读讲解书籍的内容和自己担任领读解读书籍内容,带来的感受和获得的成效截然不同。有教师在领读了王宁教授的《汉字构形学导论》后,深有体会地感触道:"领读一次,获益很多,感觉字义的探究融入教学,角度的选择很重要。"

轮流领读的目的,一方面是让见习教师以主动的学习方式进入专业共读的角色,而不仅是依赖导师的指导;另一方面是让见习教师通过领读,深刻感知、理解书中的理念和内容。经历过领读的教师都清楚,即便只是领读一个章节,为了做好领读也需要查阅大量资料,弄懂其中的专业术语、概念以及专业性论述。在准备过程中,领读者获得的专业知识,不只限于共读的书籍,而且还能广泛地了解和思考与之相关的知识。因此,领读的过程,对见习教师而言是一次非常重要的学习与反思经历。

为了提高领读质量,带教导师应领读共读书籍的一两章,为见习教师做示范,使他们了解领读的内容与形式。见习教师领读时,带教导师应注意多鼓励、略补充。即对见习教师的领读要多予以鼓励和赞赏,不宜先介入导师自己的想法,导师的想法可以留待共读分享交流时展开,但特别重要的地方带教导师也可以适时进行少量补充。这样做的目的是激发见习教师,特别是后面领读者的领读信心。最终决定阅读质量的,不是阅读了多少本书、记住了多少案例,或学会了多少方法与技巧,而是教师形成了什么样的学习心态和阅读心理。共读中的领读除了使见习教师通过领读获得更为有效的专业成长外,也可使见习教师收获专业阅读带来的成长体验,从而开启专业阅读生涯。

2. 领读方式

可以根据专业书籍的结构,有计划、有序列地进行领读。一般而言,领读的次序应按照书籍的章节次序进行。但如果书籍的章节内容采用平行式结构,那这些平行化章节的领读则不必严格遵循章节次序,可根据团队成员的需要开展。

领读,既可线下,也可线上。全书领读需要较长的周期,而见习教师通常又来自不同学校,为了便利,线上共读通常为首选的方式。共读小组可以利用微信、QQ、视频会议等便捷的网络工具在固定的时间进行共读,每次以1~2小时为宜。同时还应设定共读的频率,如每周一次或每两周一次,以便让领读者做好相应准备。

完成一个章节的领读后,带教导师应提醒领读者将领读的内容进行整理,作为共读资料发在共读群。这样一方面可以督促领读的见习教师全面梳理和思考自己

> 🕮 小贴士
>
> 领读时,导师应提醒见习教师思考所领读章节的结构和内容,并可以用思维导图的形式将其呈现出来,以便让共读成员更好地把握书籍的脉络和结构。

的领读内容以及共读中同伴们的反馈,另一方面也可供其他共读教师深入学习。为促进其他共读见习教师的阅读与学习,带教导师还应要求其他共读成员对共读内容进行反思,撰写微型读后感,提高共读质量,使共读小组成员共同进步。

此外,无论是线上领读还是线下领读,带教导师应注意营造一个轻松、愉快的良好共读氛围,以提高参与共读的见习教师的阅读快乐指数。

(二) 共读中的分享交流

一般而言,共读完成一个阶段或全部完成后,带教导师应适时组织共读小组的见习教师进行阅读分享与交流。

1. 分享交流的形式

共读分享交流的形式可以多样,但应突出阅读书籍的主题。分享交流是共读领读后的阶段总结,应更为正式,建议以线下的方式进行。

分享交流既是相互交流、相互启发的过程,也是教师成长的过程。带教导师应要求全体共读成员逐一进行分享。若共读小组人数过多,一次难以完成,可以分批次进行。总之,每位参与共读的见习教师至少要正式分享交流一次。分享交流可使见习教师进一步梳理和思考阅读的内容,同时也可以让见习教师从别人的思考中获得启发。

朱老师所在的学校定期组织读书成果交流会,让每一位成员从"阅读给自己教育理念上带来的变化"和"阅读对自己课堂教学的启发"两方面交流自己的感受,骨干教师还结合自身的成长经历和读书体会,介绍如何利用阅读、写作来促进自身的专业成长,给学校刚刚走上教学岗位的年轻教师带来很大的启迪。[①]

分享交流后,带教导师还应鼓励见习教师将分享交流的内容进一步提升为读书心得,以促进见习教师的反思与重构。

总之,分享交流的目的,从个体层面来说,是使见习教师从一个被动的读者转变为主动的学习者。通过分享交流,见习教师不仅能对所阅读的书籍有更深刻的理解,同时也将加深自己对教师职业、教育教学、师生关系等方面的感悟。从共读群体层面来说,通过分享交流可以为共读教师的专业阅读提供借鉴,从而提高专业共读的质量。

2. 分享交流的指导

与共读中的领读不同,分享交流中带教导师既要肯定见习教师的思考,也要及时指出不足。对见习教师撰写的读书心得,带教导师要及时予以指导,这样才能使见习教师看到自己的不足,不断地加以改进。例如,见习教师小喻谈及自己一年的见习经历,对其影响最大的就是带教导师对她的专业阅读指导。

---

① 朱宇.基于教师发展共同体实现专业阅读范式转变[J].教师教育论坛,2015,28(06):19-21.

读书笔记伴我成长①

要想成为一名优秀的历史教师，最基本的条件就是拥有扎实的历史知识和清晰的脉络条理。为了丰富自己的知识面，我常常通过网络、书籍以及电视等途径获取历史信息。但苦于过目即忘，等到要用的时候只能记起其中的某些片段。我初次来到基地学校，认识了学科带教陆老师，他的知识面以及教学经验让我非常钦佩。

当我还在为如何熟记知识点苦恼时，陆老师从他的书柜里拿出了他从教多年以来的几十本笔记本。每本笔记本上都有时间及页码，上面记载着许多教学心得和历史笔记。他教导我，凡事要主动学习，留有痕迹。历史知识点很多、很杂，想要在汪洋大海里找到灯塔，理清思路，必须靠日积月累的积淀。在日常生活中，看到一篇好文章、一本好书或是一部精彩的历史纪录片，都应做好读书或观影笔记，等到将来需要使用时，可以很好地查阅，反复记忆。

陆老师为了训练我撰写读书笔记的能力，特意把《中学历史教学论文集》送与我，并挑选了其中一篇文章《初中历史课堂故事化叙述的尝试》，让我作为初次的读书笔记练笔。我按照自己的想法，写了一篇300多字的读书笔记，分别罗列了这篇文章中的知识脉络，以为读书笔记只要把文章中比较重要的部分摘录下来就可以了。让我既意外又感动的是，陆老师如此认真地批阅了我的读书笔记，并且指出了我的很多不足之处。比如：开头部分主要是"提出问题"，但是我没有找出关键之处；结束部分主要是用专家学者的观点来印证作者的想法，我也只字未提。陆老师还特地写了一篇关于这篇文章的读书笔记范文，让我学习。他的笔记既有广度，又有深度，让我豁然开朗：一篇好的读书笔记不单单只是对作者思想的罗列，更要有阅读者个人的理解和诠释，它应展现阅读者的态度和经验。

"每读一书，必有一记"，陆老师从事教育几十年依然保持着这样的阅读习惯，我们这些初出茅庐的见习教师更应如此。好记性不如烂笔头，我决心要坚持撰写读书笔记，使之成为自己的一种习惯。通过认真学习陆老师"用自己的思想来书写自己的感悟"的阅读方法后，渐渐地，我发现每一次记录都是一

---

① 陈珍国.临床型组织：上海职初教师成长的秘密[M].上海：复旦大学出版社,2017：54－55.

次知识的积累。一次次积累让我的知识面逐渐成为一个体系,像一张网一样,无论从密度还是宽度上,都有很大进步。在今后的教学中,我依然会怀着一颗热忱的心,坚持"每读一书,必有一记"的学习方法,让自己在专业成长中不断发展。

喻老师的故事中,带教导师不仅及时指出了她阅读中存在的问题,同时还把自己的阅读思考与之分享,使喻老师不但意识到自身的不足,而且学会了改进的方法,从而把专业阅读作为自己专业成长的一个重要途径。因此,即使是带教导师与见习教师两人组建的单一师徒共读小组,带教导师的指导和交流同样重要。

第二节 微型课题研究指导

资深带教导师张老师,主持过省、市级课题,深刻体验过课题研究过程中自己的成长蜕变。为了让见习教师更快、更好地成长,张老师想尝试让见习教师开展课题研究。虽然这一想法一提出来便遭到了质疑,但张老师基于自己多年的课题研究经历,认为值得一试。既然课题研究比较复杂,何不从微型课题研究开始呢? 张老师的想法得到了校领导的认同和支持。于是,张老师带领见习教师尝试进行微型课题研究,希望在课题研究的过程中促进见习教师的专业成长。

一、微型课题研究概述

(一) 何为微型课题研究

微型课题(也被称为微课题、小课题、个人课题、校本课题等)研究,一般被认为是一线教师为解决自身在教育教学实践中遇到的现实问题而进行的行动研究。① 相对宏观和中观课题研究而言,微型课题研究是一种研究范围小、研究周期短、研究过程简便的教育科研方式,具有"小、活、实、短、平、快"的特点。②

1. 小,即研究的问题小

这是微型课题研究最显著的特点。微型课题主要聚焦于教育实践中的矛盾和疑难,研究的内容主要是教师在教育教学各个环节中发现的有价值的细小问题。问题可以具体到一堂课的教学案例设计、授课导入、课堂提问、作业设计等。

---

① 李彤彤.微型课题研究:教师个人"可操持"的教育科研——基于文献研究的探讨[J].江苏教育研究,2019(14):51-54.

② 袁玥.关于微型课题研究若干问题的思考[J].上海教育科研,2007(09):50-51.

"小"还表现在研究的规模上,微型课题研究涉及的范围小、人员少、时间短,因而往往规模小、投资少。

2. 活,即灵活

首先,微型课题研究的选题论证、方案设计、立项开题、实施研究等相对简便,没有省、市级课题研究的复杂性。其次,研究的组织形式既可是教师单独研究,也可是合作研究。再次,微型课题可以重复研究,不同学校的教师或课题组可以同时或先后研究同一个问题。微型课题研究没有固定的研究模式,没有强制的操作流程,人人可以研究,时时可以开展,处处可以进行。

3. 实,即实在

首先,选题"务实",微型课题研究立足当前教育教学工作,选题贴近学校、贴近教师、贴近教育教学实际。其次,研究过程"踏实",微型课题研究在教中研、研中教,不是游离于教育教学实践之外的活动。再次,研究成果"真实",微型课题研究成果的呈现方式贴近教师实践,其成果可以是教学案例设计稿、听评课稿、教育案例、教育故事、课堂教学实录,也可以是研究小报告、访谈记录、调查报告、沙龙材料、学生作品,还可以是音像作品或图表、教具等实物。总之,这些成果是教师用自己的语言叙述自己的实践,从自己的实践中提炼自己的经验,让自己的经验体现自己的特点。

4. 短,即周期短

微型课题的研究时间视研究内容而定,时间可长可短。一般短则两三周就可以解决问题,长则三至五个月,最长一般不超过一年。

5. 平,即符合当地、当时教师的研究水平

第一,进行微型课题研究,教师一般不需要专业研究人员具备的有关研究设计和解释的高级技术,只要具有基本的研究知识;第二,微型课题研究的目的不在于发展和检验理论,而在于可直接应用于眼前工作;第三,微型课题研究的问题都是研究者感兴趣的话题,一般不研究与当前工作无关的问题;第四,微型课题研究,无须广泛的文献研究,只需要对相关研究有基本的了解;第五,微型课题研究的设计程序要求相对不严格,通常可以在比较自由的行动中做出调整;第六,微型课题研究不强调研究结果的理论意义以及对后继研究的启示,重在关注研究结果的实践意义,以及对研究者教育教学实践的应用价值。

6. 快,即见效快

微型课题研究的周期短且专注在实际工作中解决具体问题,因而常常速度快、效率高。解决了一个问题,就可以转入到下一个问题的研究。它不需要触及该问题的方方面面,更不需要形成系统的经验总结,也不苛求一定要将自己的研究心得发表,关键是让自己体会到"眼前一亮""心头一喜"的愉悦。

总之,微型课题研究是中小学教师以课堂教学或班级管理等"小问题"为切入口,将"小问题"转化为"小课题"开展研究的一种研究方式,是中小学教师贴近教育教学实际、适合自己开展的"真实的"教育科研行为。微型课题研究是目前广大一线教师开展教育教学研究的主要形式。

(二) 微型课题研究的意义

1. 微型课题研究的意义

受国际教师专业发展改革的影响,国内对教师专业发展提出了做学者型、研究型教师的要求。要成为学者型、研究型教师,教育科研能力尤为重要。微型课题研究在提升教师(特别是一线教师)的教育科研能力方面具有不可替代的独特作用。

首先,微型课题研究可消除普通教师对课题研究的顾虑,使教师不再惧怕研究。受宏观和中观课题研究的影响,不少中小学教师对教育科研的认识存在偏差。一方面,觉得教育科研高不可攀,只有专业人士或学校的教科研主任才能做课题研究,一名普通教师似乎做不做科研对自己的专业发展无关紧要。另一方面,又觉得科研很神秘,不知道研究什么、如何研究、研究有何用。微型课题研究能帮助一线教师消除这些顾虑,切实走进研究中。微型课题研究的选题主要来自教师在教育教学中的细小问题,这些也是教师经常思考的。把这些问题加以明晰化,并予以有步骤地实施,教师会发现,原来自己思考的这些问题居然也是研究。而且,微型课题研究的选题论证、方案设计、立项开题、实施研究等相对简便,也会减轻一线教师对课题研究的畏难情绪。

其次,微型课题研究能帮助一线教师有效地改进教育教学工作。微型课题的主要研究任务不是建立新的思想和理论,也不是发现教育科学规律,而在于解决教师工作过程中的具体问题。教师研究教育实践中出现的矛盾和疑难,找出原因,提出有效的解决办法,从而切实改进自己的教育教学行为。

再次,微型课题研究通过不间断的教育科学研究,能促使教师养成科学的思维习惯,在提高自身研究能力与水平的同时,提升自己的成功经验,形成教育教学个性化风格。①

总之,教师的微型课题研究过程,也是反思自身教育行为、重建教育教学"个人哲学"的过程。这一过程帮助教师积累了生活经验,丰富和提升教师的实践智慧。②

2. 见习教师开展微型课题研究的意义

教师的教学研究与专业发展息息相关,对见习教师而言更是如此。上海市中小学(幼儿园)见习教师规范化培训内容的第四模块就是"教学研究与专业发展"。虽然在具体任务中,并无课题研究要求,但在其他任务中,依然能见到不少研究、反思的身影,如撰写读书笔记、撰写职业体验随笔等。2019 年 11 月上海市发布《关于中小学(幼儿园)青年教师(2~5 年)专业发展实践研究项目申报的通知》,可见教育行政部门也越来越重视见习教师教学研究能力的发展。要切实促进见习教师研究能力的发展,微型课题研究是一个有益的途径。

微型课题研究的目的是促进教师改进自身的教育教学实践,进而促进教师专业发展;研究对象是教育教学实践中具体、细小的问题;研究方法可采用校本研究、行动研究、叙事研究、个案研究、调查研究、经验总结等;研究周期一般不超过一个学年;研究情境就是学校和课堂;研究基础是教师的兴趣爱好、教学需要、客观现实条件;研究主体是教师个人;研究优势是教师日常的教育教学"现场",丰富、鲜活的教育情境和教育问题等资源。③ 微型课题研究的这些特质,如同为见习教师量身而定。带教导师要帮助见习教师了解微型课题研究对自身发展的重要意义与作用,从而帮助他们树立研究的意识,促使他们跟随导师学习课题研究。

首先,开展微型课题研究,有利于见习教师更好地改进自己的教育教学。能够胜任教学工作是见习教师在第一年见习期最重要也最为迫切的需求,微型课题研究的问题恰恰来自教师自身教育教学面临的困境。例如,新课如何

①② 袁玥.关于微型课题研究若干问题的思考[J].上海教育科研,2007(09):50-51.
③ 薛正斌.关于小课题研究的几个问题[J].教育科学研究,2015(06):72-77.

导入、教学环节如何展开、学生活动如何组织。通过研究这些迫切的教育教学问题，解决问题，由此改进教学。在解决这些问题的过程中，见习教师不仅知其然且知其所以然，可了解到教学问题背后蕴含的教育意义，从而直指教育教学本质。与带教导师直接指出的教学问题改进相比，这种经过自身研究进行的教育教学改进，能带给见习教师更深入的教育教学体验，引发见习教师对教育教学更深刻的认知。

其次，开展微型课题研究，有利于见习教师树立研究意识，真正成为教育教学的主体。开展微型课题研究可以引领见习教师进入一种研究状态。在教师职业生涯的第一年，见习教师经历了教育教学问题的发现、反思、解决的过程，今后在面临教育教学问题时，他们会用研究的眼光看待问题，并在教学实践中尝试用科学的方法去解决。带着研究的视角去关注教育教学，见习教师才能摆脱对带教导师和其他优秀教师教育教学的简单模仿与照搬，使自己真正成为教育教学的主体。

最后，开展微型课题研究，有利于见习教师加快专业发展。课题研究是促进教师专业发展最为有效的途径之一。通过微型课题中一个个细小具体的教学问题研究，见习教师不仅可以解决教学实践中遇到的问题，有效提升自己的教学能力，还可以把理论和教学实践有效结合，养成从教学实践中发现问题、分析问题、解决问题的研究习惯，提升自己的研究反思能力。教学实践能力与研究反思能力的双项提升，势必能加速教师的专业发展。

二、微型课题研究指导流程

微型课题研究程序一般包括选题、收集资料、设计研究方案、实施研究过程和撰写研究报告。[①] 教师的微型课题研究，流程可以简化为"选题—做题—结题"。其中选题是基础，做题是落地，结题是呈现。[②] 因此，在指导见习教师进行微型课题研究时，带教导师应重点关注三个环节，即选题、实施研究过程和撰写研究报告。

[①] 薛正斌.关于小课题研究的几个问题[J].教育科学研究,2015(06):72-77.
[②] 李彤彤.微型课题研究:教师个人"可操持"的教育科研——基于文献研究的探讨[J].江苏教育研究,2019(14):51-54.

（一）指导选题

结合见习教师的特点，带教导师在指导见习教师选择微型课题研究时应注意以下原则。

1. 选题应源于教学实践

微型课题研究的性质决定了其以课堂为现场、以教学为中心。[①] 带教导师指导见习教师选题时，首先要引导见习教师直接从教育教学实践中进行选择。可以选择教育教学实践中的困惑，如"上课时，学生不愿举手发言怎么办""新授课如何有效导入"这类看似有点"小家子气"但又确实是困扰见习教师的问题；也可以是见习教师感觉难以把握的教学重难点问题，如"如何确定一节课的教学内容""课堂教学环节该如何组织"；还可以是带教导师在具体教育教学场景中指导见习教师发现的问题，如"为何这个问题没有学生回应""这节课的教学内容为何完不成""为何这个例题讲解得这么详细还是有那么多同学不会做"；甚至还可以是课堂中的突发事件……

在一次公开课后，我发现我的孩子们倾听与对话的能力依旧很弱，然而倾听与对话是学生走向深度学习很重要的前提。同时，学习共同体改革须建立起以倾听与对话为基础的课堂。我很疑惑，究竟怎样做才能更好地培养低年段学生倾听与对话的能力？于是，我决定研究低年段学生倾听与对话能力的培养。[②]

总之，见习教师的微型课题研究，不是为了构建某种宏大的理论，也不是为了发现某种普遍的规律，而是为了教师真正改进自身的教学实践，因此通常涉及的因素较为单一，只需要关注教育教学活动中问题的某个点或某个细节，解决自身教育教学中遇到的困惑或真实小问题即可。

2. 选题切口要小而具体

在确立选题时，带教导师应提醒见习教师从某个小问题切入，由此展开研究。下面是鲁玉明老师的"玩具卡"课题研究。

前段时间，学生中盛行一种玩具卡。这种玩具卡有长方形的（学生称之为

---

① 薛正斌.关于小课题研究的几个问题[J].教育科学研究,2015(06):72-77.
② 案例来自赵佳芸老师的课题研究心得体会。

长卡),有圆形的(学生称之为圆卡),每个男生身边都带着厚厚的一叠。只要一有空余时间,学生就开始比赛,玩兴颇浓。一些女生也被吸引加入了这一行列。有的学生拥有的卡片叠在一起竟有 20 多厘米厚,把空余时间都花在这小小的卡片上了。学校其他班级也是如此。有些教师为了让学生能更好地学习,就强行禁止学生玩耍,把卡片也收缴了,但学生还是背着老师偷偷摸摸地玩。

看来,强行禁止效果不佳。该怎样引导学生呢? 这个问题深深地印在我的脑海中,但我一直也没想出一个很好的办法。

我对这一问题进行了分析。我认为学生爱玩这种卡片的原因主要是以下几点:①爱玩是学生的天性;②学生在学校里的精神生活比较贫乏(学生都是从周日下午到校,周五下午离校回家,在校时间整整五天,课余时间充足但却缺少积极、有趣的活动);③对课外阅读缺乏兴趣。

为何不利用卡上的图片把学生对输赢的兴趣转移到对卡片知识的关注上呢? 我发现学生的卡片中比较多的一类是"三国卡",上面介绍的都是《三国演义》的相关知识,再加上我们就要学习"走进名著"这一单元。这不就是一个很好的突破点吗? 于是我提出了"让玩具卡成为学生阅读名著的抓手"这一课题。①

微型课题的选题要小而具体。因此,当见习教师研究的问题过大时,带教导师应引导他们进一步聚焦和细化。

万科实验小学的见习教师曹婷参加了校级课题"小学生良好生活与学习习惯养成研究",然而这个选题对于一名见习教师而言依然过大。因此在带教导师的指导下,曹老师把课题细化为"低年级小学生自理能力现状分析及培养建议"。②

曹老师的研究对象由"小学生"缩小为"低年级小学生",研究内容由"良好生活与学习习惯"细化为"自理能力"。研究切口变得小而具体,研究目标和内容也一目了然,比较适合见习教师开展研究。

3. 选题要便于研究

微型课题的选题不仅是见习教师"想做"的课题,还应是见习教师"可做、能

---

① 袁玥. 教师微型课题研究指南[M].上海:华东师范大学出版社,2011.
② 案例来自曹婷老师的课题研究心得。

做"的课题。①

20年前,作为小学音乐教师的我对怎样上好一堂音乐课感到很茫然。我走出音乐课的困惑还得益于学校的一次"公开课":同上《再见了,亲人》,一位教师的导入方法是在声情并茂的配乐朗诵中开始,另一位则以引人入胜的故事"炮火中的金达莱"切题。不同的导入方法,引发了我的思考——音乐课有哪些导入方式?当我不断尝试故事导入、激情导入、戏剧表演导入、释题导入、设疑导入等音乐课的导入方法时,一个小课题产生了——"小学音乐课导入方法研究"。②

"小学音乐课导入方法研究"的课题,充分体现了微型课题"可做、能做"的特点。见习教师可以通过研究自己、导师以及其他教师的导入方法,落实自己的研究内容。

(二) 指导研究过程

微型课题研究的价值在于"实施的实践性"③,带教导师指导见习教师进行微型课题研究时,要注重让他们"做中学"。即,研究是"做"在课堂上、"做"在学生中,研究预设要放在课堂上、放在学生中去验证,这样才能审视自己教育教学行为的不足,改进自己的教育教学行为。下面是袁老师的新课导入课案例。

新课导入是见习教师急需掌握的技能,为了更好地导入新课,袁老师尝试用两个应用题导入"分式的意义"这节课,然而在具体实践中观察教师却发现了不少问题。例如,观察员丁老师发现作为导入的应用题一,其所观察的4位学生均无一人正确完成。④

问题1:9世纪数学家花拉子米的《代数学》中提到过这样的问题——"将10分成两部分,第一部分除以第二部分,第二部分除以第一部分,它们的和是二又六分之一"。假设第一部分是 x,则第二部分是_____,由此可得到关于 x 的

---

① 费伦猛.小课题研究的过程指导框架与实施策略探析[J].课程教学研究,2016(01):26-29.

② 祝庆东.教师如何做"小课题"[M].上海:华东师范大学出版社,2019:5.

③ 尧逢品.微型科研课题价值及实现[J].教育科学论坛,2012(05):30-32.

④ 周晓凌.凑近观察,才发现我们有时想当然了……[J].当代教育家(中旬刊),2018(07).

等式。

这个问题看似简单，第一部分是 x，则第二部分是 $10-x$，顺着题意列式，即可得 $\dfrac{x}{10-x}+\dfrac{10-x}{x}=2\dfrac{1}{6}$，所有学生先独立思考作答，老师巡视，然后老师提问某个学生。按照传统的听课模式，我们肯定会觉得这是一个非常成功的设计。

然而我观察到的学生卷面上写下的答案却是这样的：

学生 1：$10=x+(10-x)$

学生 2：$\dfrac{10}{x}+\dfrac{x}{10}=2\dfrac{1}{6}$

学生 3：$x\div(10-x)=2\dfrac{1}{6}$

我观察的这个小组，四个学生没有一个顺利完成。究竟是怎么回事？或许问题 1 比较拗口，对学生正确理解题意产生了干扰？也许，学生 1 和学生 3 对于分式的形式比较陌生，所以潜意识中刻意回避分式的出现？

另一位观察员时老师则得出了更为深入的分析：[①]

袁老师的课在新课引入环节有问题 1 和问题 2。问题 1 为学生留足了思考时间，由于涉及分式方程，知识超前了，小组正确率为 50%。1 号同学写成了 $10x$ 和 $10x\div x=10$，显然还不具备分式方程的能力；2 号同学写对了；3 号和 4 号思考的时间较多，但 3 号没写出来，4 号写出来了。

对于问题 2，袁老师没有给学生较多的时间停顿思考，1 号和 2 号同学在老师的讲解下一边听一边记，3 号和 4 号显然没跟上，3 号只记了第三个空，4 号直接空着估计没听懂。虽然老师已经尽量放慢了课堂节奏，但应用类问题还是无法让所有学生很好地接受。

如几位观察员观察的那样，袁老师设计的两个应用题的引入应该是费尽心思，也自认为非常不错。从传统的视角进行分析，多数教师会觉得这是一个非常成功的设计。然而通过实践验证，特别是在学生中验证时，却出现了诸多问题。正如时老师的分析，题 1 的问题在于知识点超前，而题 2 的问题则在于学生没有足够的思考时间。

---

① 时小飞，贾彬，丁波."分式的意义"课堂观察[J].当代教育家(中旬刊),2018(07).

本案例说明,研究必须通过实践的验证,教师才会不断认识到自己教育教学中的问题,由此反思自己的教学行为。经历了"实践—验证—实践"这样一个循环反复的过程,见习教师的教学行为才能不断改进,在改进中也逐步修正、完善或提炼出有利于教学优效、学生发展的策略。

(三) 指导研究报告的撰写

微型课题研究虽然小,但依然属于教育科研的范畴,带教导师要鼓励、指导见习教师用自己的语言表达课题研究成果,撰写课题报告。微型课题研究成果的表达方式有多元化的特点,从表达形式来看,大致有三类:第一类是活动类成果,主要是指教育日志、教学设计、听评课稿、沙龙材料、学生作品和音像作品、图表、教具等实物;第二类为成长类成果,主要是学生成长、教师专业提升、学校发展等;第三类是学术类成果,主要包括教育叙事、教育反思、教育案例、精品课例、论文、著作等。在众多成果表达形式中,教育案例的撰写尤为重要。因为撰写教育案例可以为教师提供记录自身教育教学经历的机会,督促教师关注日常工作背后隐含的问题,促进教师对自身行为的反思,推动教师隐性知识的显性化,帮助教师成为"思考着的实践者"和"实践着的思考者",从而改进教学实践并提升教育教学的专业化水平。[①] 因此,带教导师可以着重指导见习教师撰写教育教学案例。

带教导师在指导见习教师撰写教育教学案例时,需要注意以下几点。

1. 提供案例撰写的样式或范例

初次撰写案例,见习教师往往不知如何入手,因此带教导师应为学员提供教育教学案例撰写的基本样式或范例。一般而言,教育教学案例由案例主题、背景、案例事件、反思分析与启示等构成。案例主题反映了案例的中心思想和主要内容;案例背景是案例写作的起因,主要说明案例发生的环境和条件;案例事件是案例的主体内容,主要是说明处理"问题或疑难情境",并通过这个事件的解决来说明、诠释类似事件,以此反映案例主题;反思与启示是作者对案例进行解读、评述和分析。[②] 提供案例撰写的基本结构样式和相关范例,可减少见习教师

---

① 费伦猛.小课题研究的过程指导框架与实施策略探析[J].课程教学研究,2016(01):26-29.
② 袁玥.教师微型课题研究指南[M].上海:华东师范大学出版社,2011:228-233.

在撰写案例时的茫然,做到有的放矢。

2. 注重案例撰写的修改与提升

教育教学案例需要展示有价值的教育事实,能再现教学背后的理由,以及能表现见习教师自己的教育教学改进。因此,见习教师撰写好教育教学案例后,带教导师还应引导他们对自己的教育教学案例进行修改,以帮助其提升教育教学案例的主题和内涵。

三、微型课题研究指导的注意事项

(一) 明确微型课题研究的核心目标是树立研究意识

开展课题研究可有效促进教师的专业发展,对见习教师而言做课题研究不是为了研究而研究,带教导师要厘清见习教师开展课题研究的核心目标。开展微型课题研究直接的产出是帮助见习教师解决教育教学实践中的具体问题,但其核心目标是帮助见习教师树立研究意识。教师具备自觉的研究意识,就不会被日常烦琐的教学工作淹没,而会主动地想办法解决实际问题,把教育教学工作做得更好、更有效;在工作中遇到问题和矛盾时,也不是简单处理,而是能讲科学、讲规律,不断总结、反思、改进、提升自己的工作,创造性地实现教育教学目标。

指导见习教师开展微型课题研究,不必要求研究触及问题的方方面面,也不需要形成系统的经验总结,更不必苛求一定要发表文章。总之,不要求他们做得多完美,多成功,而是要让他们不害怕研究,不排斥研究,让他们体验研究带来的"眼前一亮""心头一喜"的快乐,使他们尝到研究的"甜甜的味道",进而从尝试到会做,从会做到乐做、深入做。

见习教师树立研究意识后,便会自然地带着研究的目光、分析自己和他人的教育教学。小到一个小小的教育教学行为,她能够明白自己的提问设计是否合适,若不合适则主动分析原因并改进。当学生出现某个问题时,见习教师便不再茫然无措,不再完全依赖导师的指点,而是能够主动思考分析问题产生的原因,自主尝试解决问题,提出改进的策略。只有通过不断的"改进"和"提高",才能真正推动见习教师走上可持续的专业发展之路。

（二）注重对微型课题研究方法的指导

"工欲善其事,必先利其器",微型课题研究尽管微小,但依然要注重科学的研究方法,因为没有方法的研究最终只能沦为盲目的活动。带教导师在指导见习教师开展微型课题研究时,应注意对研究方法的指导。

微型课题研究涉及的研究方法主要有调查研究法、文献研究法、叙事研究法、案例研究法、教育人种志法、观察法和行动研究法等。不同类型的研究方法具备不同的研究意义与功能。带教导师指导见习教师了解不同研究方法的要求和使用的注意事项后,可根据课题的研究目的或导师自己擅长的研究方法,指导见习教师开展研究。

下面以张老师指导见习教师基于记录的课堂观察分析为例进行分析(见表5-1)。①

> **✍ 小贴士**
>
> 微型课题研究是寻找解决问题的途径和创造教育实践新形态的过程,因而研究过程应充实、真实。带教导师要提醒见习教师注重收集与整理原始资料,随时记录、反思和总结自己的教育教学实践活动,尤其是教育教学中一些有意义的细节。这些资料都是以后撰写论文或研究成果的主要素材。

表5-1　张老师的课堂观察记录

教学环节	本人的观察	分析
练习:$\frac{2}{5} \times \frac{3}{8}$	观察2列14人,准确率100%,但有不约分先乘的情况。	
板书点评,强调步骤化、约、乘,再做习题:$\frac{10}{3} \times 1\frac{1}{5}$	观察到14人的准确率为86%,有学生错写为"10与5约分写5"(如图)。	说明有少部分学生的带分数化假分数知识点不过关。
归纳法则练习	观察到14人的准确率为93%。观察到错解:$\frac{5}{12} \times 6 = \frac{5}{12} \times \frac{12}{12}$	说明整数化假分数的知识点须巩固。

(基于观察的实例,观察教师对执教教师提出建议:及时纠错,如带分数的书写规范、假分数化带分数、有些分数要先约分。)

---

① 案例来自张丽芝老师的导师带教报告。

案例中的张老师基于实证的研究记录进行分析,使见习教师学习基于实证的研究方法,并学会运用这种研究方法去观察分析导师和其他教师的课。

(三) 有意识地整合带教任务

导师的带教任务很重,要学会把微型课题研究与其他带教任务进行整合,这样才能更好地发挥微型课题研究对见习教师的促进作用。例如,单老师在指导见习教师时,尝试将课题研究、课堂观察和专业阅读三项任务加以整合。

今年,我带教了一名外校的见习教师金老师,结合教研组开展的"以学为中心"的课例研究,我指导金老师一起开展了课堂观察研究。首先在开展课堂观察活动前,我让金老师深入阅读了华东师范大学课程与教学研究所安桂清老师撰写的《以学为中心的课例研究》一书,使金老师对课堂观察研究有更多的了解。接着,我与金老师一起深入课堂,借助课堂教学观察表,对学生的课堂表现、合作学习等情况进行了课堂观察。在掌握了一定的教学研究方法后,针对金老师在"问题设计的有效性"方面暴露出的问题,我又鼓励金老师围绕"提高问题设计的有效性"开展教学研究。通过课堂观察,借助数据的分析,金老师不断反思、研究每一个教学问题的设计和改进,从而提高了问题设计的有效性。经过一段时间的努力,金老师在"如何提高问题设计的有效性"方面找到了一些切实可行的方法,课堂教学有了很大的提升。相信只要她能继续坚持这方面的研究,一定会有更大的收获。[①]

案例中,课堂观察是带教的一个重要抓手,专业阅读促进了见习教师对课堂观察的理解,课题研究则深化了见习教师对课堂观察的运用。三项带教活动得到了高度整合,取得了 1+1+1>3 的成效。

此外,在指导见习教师开展微型课题研究时,带教导师要注意使见习教师的微型课题尽量从属于自己主持或参与的课题。一是导师熟悉自己课题的内容和方法,便于指导见习教师开展研究;二是可以营造导师与见习教师共同研究的氛围,更好地促进见习教师学习开展微型课题研究;三是有利于导师和见习教师集中精力,避免为完成多项任务而使导师和见习教师都筋疲力尽,影响微型课题研究的质量,降低带教成效。

---

① 案例来自单静老师的带教案例。

第三节　课标解读指导

带教中张老师发现指导的见习教师能够独立钻研教材、独立备课，了解教材中的知识点和案例，但在教学实践中经常会出现问题，课堂热闹有余、内容充足、手法多样却无法完成教学任务，学生的体验只是流于表面或形式。张老师通过指导见习教师研读课程标准，在教学过程中不断研究—实践—反思—再研究—再实践，使其不断积累教育教学经验，形成自己的教学风格。

一、课程标准概述

（一）课程标准的定义

课程标准是教材编写、教学、评估和考试命题的依据，是国家管理和评价课程的基础，应体现国家对不同阶段的学生在知识与技能、过程与方法、情感态度与价值观等方面的基本要求，规定各门课程的性质、目标、内容框架，提出教学建议和评价建议。

课程标准代表了一个国家或民族对教育教学质量的期望，我国用课程标准取代了教学大纲，意在超越教学大纲对具体知识点和技能的规定，体现了国家对不同阶段的学生在知识与技能、过程与方法、情感态度与价值观等方面的基本要求。

（1）课程标准是对学生经过阶段学习后结果的行为描述，学习结果行为的描述应是可理解、可达到、可评估的，不能模糊不清，可望而不可即。

（2）课程标准是国家制定的某一学段共同的、统一的基本要求，而不是最高要求。它规定课程的性质、目标、内容框架，而不是对教学内容（包括教学重点、难点、时间分配等）的具体规定，提出指导性的教学原则和评价建议。

（3）课程标准隐含着教师不再只是教科书的执行者，而是课程的开发者的理念,即教师是"用教科书教,而不是教科书"。

(4) 课程标准规定了不同阶段学生在知识与技能、过程与方法、情感态度与价值观等方面所应达到的基本要求。

课程标准的指导作用在于它规定了各科要实现的课程目标和课程内容,规定了评价的基本内容和基本标准。但由于各学科的性质、结构有所差异,对各科的教材编写体系、教学顺序安排及课时分配、教学设计和教学评价等具体问题未做硬性规定。对学生而言,课程标准为其最终的学习结果设定了目标,指明了方向,为培养学生承担责任、发挥学习积极性和创造性提供了条件。对教师来说,课程标准不仅规定了"作为什么",也规定了"怎样有效作为"。也就是说,教师不能照本宣科,走传统的"教教案""时间消耗""机械讲授"等老套路,而必须把自己的教学定位在学生学习最终结果的获取上,有效促进学生的学习。

(二) 课程标准内涵的演变

现有课程标准经过长期的演变逐渐形成,我国在清末各级学堂所订章程中的《功课教法》或《学科程度及编制》章,对课程门目及课时的相关规定和说明,被视为近代意义上的课程标准和雏形。1912 年由民国政府教育部颁布的《普通教育暂行课程标准》则是我国课程史上第一个正式使用"课程标准"名称的文本形态的课程标准。[①] 它包括课程标准总纲和各科课程标准两部分,前者确定了一定学段的课程水平及课程结构,规定了各级学校的课程目标、学科设置、各年级各学科每周的教学时数、课外活动的要求和时数等,被称为"教学计划";后者具体规定了各科教学目标、教材纲要、教学要点、教学时数和编订教材的基本要求,称为"教学大纲"。这一历史时期,课程标准主要是关于"教什么"的规范。

20 世纪后半期以来开始出现教育危机,主要表现为课堂教学质量低下,所培养的人才不能适应迅速变化的时代需要。在这种情况下,必须对传统的课程运行方式、管理方式进行反思。斯巴迪认为,传统学校教育依赖日历并围绕它运行,学校决策、课程规划、教学和管理、机构安排、学生毕业认证等都直接与日历相联系,不管这些学程的内容如何、学生掌握与否,学程终结随着规定时间的终

---

① 柯森. 基础教育课程标准及其实施研究[D].上海:华东师范大学,2004.

结而终结,而不是随着学生对学程的掌握而终结。①

随着国内外教育改革的不断推进,尽管各国教育传统和理论背景存在差异,但都不再把课程标准定位为教学科目或教学内容的规定,而是定位为预期的学生学习结果。一些传统上习惯于使用"教学大纲"的国家,其内涵也发生了很大的变化,从原来的"教与学的内容纲要"发展为"学生学习结果纲要"。我国在新一轮基础教育课程改革中,也实现了从教学大纲向课程标准的转变,把课程标准看作学生经过一定学段后的学习结果的行为描述,而不是对教学内容的具体规定(如教学大纲或教科书)。②

(三) 认识课程标准的意义

师范院校毕业的见习教师通常专门学过本学科的课程标准,但往往重理论轻实践,而非师范院校毕业的见习教师通常未接触过课程标准。因此,带教导师应引导见习教师认识到课程标准对教育改革和教学实践的意义。

(1) 课程标准在课程目标、内容标准和实施建议等方面均体现了新教学目标,即知识与技能、过程与方法、情感态度与价值观三维教学目标的有机结合,其目的在于真正促进学生的发展,将素质教育理念落实到具体教学实践中。

(2) 课程标准关注学生的兴趣和已有经验,注重教材与学生实际生活经验和现代科技发展之间的联系,打破了学科中心论,加强各学科的有效整合,使课堂教学生活化,有利于促进学生的全面发展。

(3) 课程标准结合本学科的特点,加强过程性、体验性,改变学生的学习方式,引导学生主动参与、亲身实践、独立思考与合作探究,有利于学生由单一记忆、接受、模仿等被动学习模式向主动搜集和处理信息、分析问题、解决问题及交流与合作的主动学习模式转变。

(4) 课程标准结合本学科的特点提出有效的评价策略和手段,引导学校和教师更多关注学生的过程性评价,充分体现评价促进学生发展的基本理念,使学生全面、和谐和富有个性地发展。电子书包、成长记录袋、论文答辩等多种评价

---

① Spady W G. Organizing for Results: the Basis of Authentic Restructuring and Reform[J]. Educational Leadership: Journal of the Department of Supervision and Curriculum Development, N.E.A, 1988, 46(2):4-8.

② 崔允漷.国家课程标准与框架的解读[J].全球教育展望,2001(08):4-9.

方式,使学生在不断反思中前进,也利于增强学生的自尊心和自信心,更好地促进学生的自我发展。

课程标准是教师教的法或纲,带教导师应引导见习教师明确,若要搞好教学,先要学好课程标准。首先,要引导见习教师了解并明确教学中师生是平等的合作者。课程标准明确界定了教师在教学中的角色、地位和作用,明确指出"教师是组织者、引导者与合作者"。其次,让见习教师认识到课堂教学是师生共同积极参与、共同发展的互动,是教学相长的互进关系,明确课堂教学的基本任务是培养学生良好的学习方法,帮助学生养成良好的学习习惯,拓宽视野,开发智力。

见习教师要认真学习课程标准,在教学设计和教学实施时,牢牢把握课程标准这个纲,紧紧围绕相应的课程标准这个法展开,向着课程标准为我们指明的方向前进。①

二、课程标准解读要点

我国义务教育阶段各学科的课程标准,尽管各有特色,但结构基本一致,包括前言、课程目标、内容标准、实施建议、附录等部分。在目标的陈述上,都包括了知识与技能、过程与方法、情感态度与价值观三方面。这与传统的教学大纲有着显著的区别。

(一) 课程标准的框架结构

目标的陈述包括知识与技能、过程与方法、情感态度与价值观三个方面。

表5-2　课程标准与教学大纲的对比

课程标准		教学大纲
前言	课程性质	
	课程基本理念	
	标准设计思路	
课程目标	知识与技能	教学目的
	过程与方法	
	情感态度与价值观	

---

① 张斌."课程标准"含义的演变与解读[J].教育学术月刊,2010(06):70-73.

（续表）

课程标准		教学大纲
实施建议	教学建议	教学内容及要求
	评价建议	教学建议、课时安排、教学中应注意的问题、考核与评价
	教材编写建议	
	课程资源开发与利用建议	
附录	术语解释	
	案例	

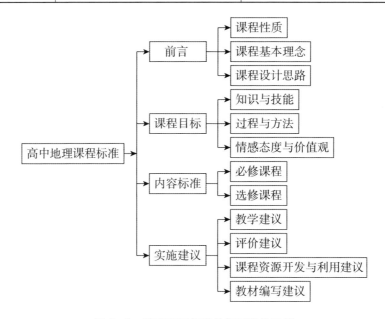

图 5-1　地理课程标准的框架结构示例

（二）课程标准框架结构不同部分的作用

1. 前言

对课程的性质、价值与功能做定性描述，阐述本课程领域改革的基本理念，并对课程标准的设计思路做详细说明。如地理课程标准中，对课程改革的背景、地理学的定义和特点，以及地理课程的定位、基本理念、课程设计思路等做了详细的说明。

2. 课程目标

主要是对学生在经过某一学段之后的学习结果的行为描述。如地理课程标准中对普通高中阶段地理课程在知识与技能、过程与方法、情感态度与价值观三个方面,对学生提出了基本的要求。

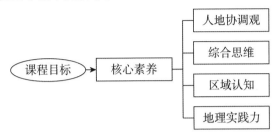

图 5 - 2 地理学科的课程标准结构图

3. 内容标准

按照学习领域或主题组织学习内容。课程标准会用尽可能清晰的行为动词从知识与技能、过程与方法、情感态度与价值观三方面对学生的学习结果进行描述。

例如:地理课程标准中高中地理课程内容包含地球科学基础、自然地理实践、自然环境与人类活动的关系、人口,城镇和乡村、产业区位选择、环境与发展、地球运动、自然环境中物质运动与能量交换,自然环境的整体性和差异性、区域的概念和类型、区域发展、区域协调等内容;生物课程标准中高中生物课程内容包含科学探究、生物体的结构层次、生物与环境、生物圈中的绿色植物、生物圈中的人、动物的运动和行为、生物的生殖发育与遗传、生物的多样性、生物技术、健康地生活。

4. 实施建议

提供了典型案例,便于教师准确理解课程标准,减少课程标准在实施过程中的落差。主要从教学方法示例、评价、教科书的编写和课程资源的利用与开发等方面,对贯彻课程改革的精神进行具体的分析和指导,提出针对性的建议。这些建议具体、可行、实用,有利于教师和教科书编者正确理解和把握课程标准的基本理念。

(三) 新课程标准的特点

1. 力求使学科课程标准各个部分都能切实体现素质教育理念

新颁布的课程标准力求在课程目标、内容标准和实施建议等方面全面体现知识与技能、过程与方法、情感态度与价值观三位一体的课程功能,从而使素质

教育的理念切实体现到日常的教育教学过程中。例如:

地理课程标准:运用图片资料,说明海岸的主要类型以及从海岸到海洋的地形变化特点。说明主要海洋资源的基本特点和应用前景。结合近些年发生的海洋争端事件,了解钓鱼岛及其附属岛屿、南海诸岛属于中国的立场和依据,说明维护国家领土主权和海洋权益的重要性。①

生物课程标准:结合日常生活中的情境,分析说明人体通过神经系统、内分泌系统以及免疫系统的调节作用对内外环境的变化做出反应,以维持内环境稳态。评估多种生活方案,认同并采纳健康文明的生活方式,远离毒品,向他人宣传毒品的危害及传染病的防控措施。②

2. 打破学科中心,注重联系实际

新课程标准关注学生的兴趣与经验,精选学生终身学习必备的基础知识和技能,努力改变课程内容繁、难、偏、旧的现状,注重教科书与学生生活以及现代社会、科技发展的联系,打破单纯地强调学科自身的系统性、逻辑性的局限,尽可能体现义务教育阶段各学科课程应首先服务于学生发展的功能。例如:

语文课程标准:加大语文阅读量和口语交际环节,重视培养语感,降低对语法、修辞、逻辑的要求。

历史课程标准:通过主题的方式,让学生具体地感受历史,把握历史发展脉络,而不要求学生死记硬背繁杂的历史知识。

数学课程标准:增加对日常生活和社会生活中图形与空间、统计与概率等现实问题的探究,降低对运算速度、证明技巧的训练。

地理课程标准:加强地理基础知识与人口、资源、环境的密切联系。

生物课程标准:反映现代生物技术的发展,削弱传统生物学按群详细介绍生物体外部形态和内部结构的知识。

化学课程标准:加强化学与社会技术生活相联系的内容,降低化学计算(化学方程式配平、浓度计算等)的要求。

---

① 中华人民共和国教育部.普通高中地理课程标准(2017年版2020年修订)[M].北京:人民教育出版社,2020:17.

② 中华人民共和国教育部.普通高中生物学课程标准(2017年版2020年修订)[M].北京:人民教育出版社,2020:23.

3. 改善学习方式,加强学生体验性

各学科的课程标准结合本学科的特点,加强过程性、体验性目标,引导学生主动参与、亲身实践、独立思考、合作探究,从而实现学生学习方式的变革,改变单一的记忆、接受、模仿的被动学习方式,发展学生搜集和处理信息的能力、获取新知识的能力、分析和解决问题的能力以及交流与合作的能力。例如:

历史课程标准:开展"中国传统节日溯源"专题活动,搜集材料,了解传统节日的形成和演化,探讨这些传统节日所蕴含的文化观念以及相关的风俗习惯,通过传统节日认识中华民族的文化特色。①

物理课程标准:能运用物态变化知识,说明自然界中的水循环现象。调查学校或家庭的用水状况,设计一个用于学校或家庭的节水方案。调查当地水资源的利用和保护状况,并对当地水资源的利用和保护提出自己的见解。②

4. 体现评价促进学生发展的教育功能且评价建议有更强的操作性

各学科课程标准力图结合本学科的特点提出有效的策略和具体的评价手段,引导日常评价活动更多地指向学生的学习过程,从而促进学生的和谐发展。课程标准中建议采取多种方法进行评价。

三、课程标准解读指导策略

带教导师要指导见习教师对本学科的课程标准进行仔细的研读,深刻理解学科教学内容和课程框架,明确课程发展方向,由原来的知识立意、能力立意,转向素养立意,课程理念也要面向问题、注重整体、讲究整合。以课程标准为纲,在课堂教学中落实学科核心素养,应成为初入职场的见习教师必须认真思考的问题。

(一) 研读课标,做到有的放矢

在教学设计时,带教导师应指导见习教师首先把课程标准作为重要的资源加以研究,明确教学内容标准的具体要求,培养学生的兴趣,发展学生具体的能

---

① 中华人民共和国教育部.义务教育历史课程标准(2022年版)[M].北京:北京师范大学出版社,2022:17.

② 中华人民共和国教育部.义务教育物理课程标准(2022年版)[M].北京:北京师范大学出版社,2022:9.

力,提高学科素养,做到有的放矢,而不能只是盲目地跟着感觉走。

课程标准的研读内容主要包括课程目标研读、课程内容研读和实施建议研读三个方面。

1. 课程目标研读

全面领会本学科的总体目标、各学段目标及内容标准的具体目标,厘清内在联系。同时,把学段目标和内容标准中的具体目标细化分解,从而形成每一册、每一单元、每一课时的教学目标。制定教学目标需要做到以下几点:

（1）全面。既要有知识与技能目标,也要根据教学内容的实际,合理恰当地确定过程与方法、情感态度与价值观方面的目标。

（2）准确。要与课程标准规定的应达到的层次要求相吻合,既不过度拔高,也不降低。

（3）具体。见习教师要严格使用课程标准规定中提出的刻画知识技能的目标动词和学科活动水平的过程性目标动词来表述教学目标,努力使目标的表述具有科学性、可操作性和检测性。

课程目标研读成果需要呈现三个方面的内容,包括全册教材的教学目标、单元教材的教学目标、课时的教学目标。

2. 课程内容研读

见习教师以学科课程标准为主要依据进行课程内容研读的同时,也要适当参考其他可以利用的课程资源。通过研读,厘清教材内容与课程标准的对应关系、教材内容的前后联系、教材的编写意图与教学要求、教学中的重点难点疑点及解决策略等。

课程内容研读的成果需要呈现以下几个方面的内容:

（1）全册教材的教学重点难点及确立的原因。

（2）单元教学内容的前后联系,包括学习本单元前已学过的相关内容,以及本单元后继学习的相关内容。

（3）单元教学的重点和难点内容,以及教学策略提示。

3. 实施建议研读

带教导师对见习教师关于实施建议的研读,须从两个方面进行指导:围绕教学中的疑点和困惑、教学目标的评价策略。在研读分析的基础上,需要呈现以下两个方面的内容:

（1）教学提醒，即针对教学的疑点和困惑提出形成的原因及其教学注意点。

（2）主要教学目标的评价建议。

（二）优化教材，构建轻松课堂

1. 理解并尊重教材

教材是专家、学者们精心编排的教学材料，是教师教学的基础。教材为学生的学习活动提供了学习的主题、基本线索和知识框架，是教师实现课程目标、实施教学的重要资源。见习教师要通读教材，明确教材内容承载的提高学生科学素养的重要功能，并在理解和尊重教材的基础上进行优化、创造。

2. 优化处理教材

在信息化时代，教师和学生可多方面、多渠道地获取信息，教师和学生之间也可以进行多维度的交流与思考，教材的单向性完全改变了。教材修改会有滞后性，教师应对教材内容进行分析、理解和再加工，从培养学生核心素养的目的出发，对教材进行合理的调整。

（1）适当删减教材内容

很多信息具有时效性，当一些教材上的信息与实际情况不符时，教师应对滞后的信息进行适当删减。例如，小学数学学科中，在"利率"一课时，实际存款中2008年10月9日起国家就暂免征收存款利息所得税，但例题及课后练习中都还出现了存款要缴纳5%利息税等内容。教师应根据实际情况进行背景介绍，并将例题及习题中的附加条件"国家规定，存款的利息要按5%的税率纳税"删去，这样可以符合时代发展的需要，便于学生计算，更可以提高课堂效率。

（2）激活教材知识

例如，在地理学科中人地关系会随着时间和空间的发展而不断发生变化，若想更好地培养学生的地理核心素养，需要教师激活地理教材的知识，在地理教材内部的知识背景与学生的知识背景、已有经验和个体感受之间建立联系。在高一地理下册《人口》一章，教材中关于我国的人口国情是"人口众多，人均资源短缺，环境承载力弱"，由此得出我国的人口政策是"控制人口数量，提高人口素质"。但随着经济水平的不断提升，我国人口增长方式发生转变，由原来的高出生率变为低出生率，人口问题已不再是人口众多对资源、环境、就业、医疗等造成压力的问题。从人口数量上说，我国的人口问题已经转变为低出生率以及老龄化的双重压力。人口政策也由原来的"控制人口数量，提高人口素质，实行计划生育"转变为"单独二孩"到目前的"全面放开二孩"的政策。随着经济和社会的发展，势必还会产生新的人口问题。[①]

教材有时会具有滞后性，教师应对教材按需进行系统化的整理，补充更新资料，指导学生从现实背景出发理解教材。例如，让学生思考父母、祖父母及以上辈分的亲戚各自的兄弟姐妹的数量，从个体感受出发，培养学生的综合思维、地理素养和人地观念素养，从时空综合的角度分析地理事物和现象的不断形成、发展和演化。

（3）多维度整合教材

教师应从多维度综合应用的角度对教材呈现的知识进行再加工。例如，地理学科中教材对区域地理的呈现方式大多是"以某一区域为例"，这种呈现方式只是针对某一特定区域进行分析，虽然在分析时结合了自然地理环境要素和社会经济要素，对区域开发的条件、方式和问题进行评价，但是在实际问题的解决中并未有大的关联。由于区域间在环境、资源等多方面存在差异，因此区域的发展更多时候需要区域间协作。教师在对教学内容进行组织设计时，既要注意本区域自然和人文两方面决定的自然资源及社会经济发展条件，也要注意区域之间的协作性、关联性和优势互补性。

教师还可以根据学生的具体情况和认知习惯适当调整教材内容的顺序，以提高教学效果。例如，教师可以采用单元教学的方式，将知识从整体单元的角度进行整合，这样能够为学生学习新知识时构建完整的知识体系和知识框架，让学生自如地根据原有的知识和思维进行新的学习。

（三）精心设计，提升学科素养

带教导师应指导见习教师注意从"全面体现三维目标、整体规划教学目标、科学设计单元或课时教学目标"三个方面进行教学目标的设计，全面发展学生的学科素养。教学目标制定时，可以从三个维度分别构建，也可以将三个维度的

---

① 2021年5月31日，中共中央政治局召开会议，审议《关于优化生育政策促进人口长期均衡发展的决定》并指出，为进一步优化生育政策，已经实施一对夫妻可以生育三个子女政策及配套支持措施，即"三孩政策"。

目标互相渗透,有机整合在一起形成总的教学目标。在教学设计时见习教师要特别注意对学生学习方法和思维方法的指导,做到以学生发展为本,通过创设情境、设计问题,引导学生主动思考、探索和建构,从而学到新的、活的知识。例如:

　　培养学生的地理实践力素养,教师要能够创设地理情境开展教学。通过提出问题和设置探究活动,让学生在发现问题、分析问题和解决问题中主动搜集资料并分析资料,一步步接近真相。在此过程中,教师需要引导学生主动扩展和丰富教材内容,学生为搜集信息可能会自己动手操作或进行社会实践活动或开展野外地理考察等,在这些过程中都会有针对性地培养学生的地理实践力素养。例如,学校可以在校园里设置气象站,教师指导学生进行气象观测、识别天气等,这些都是主动为学生创设情境,设置问题,让学生进行探究,进而掌握科学的地理调查方法及运用地理原理解决身边的地理现象等问题。

(四) 多措并举,提高课堂实效

　　首先,课堂教学中教师可以恰当运用现代化教学手段。在教学实践中能有条件进行演示实验的,就尽量不用模拟实验和录像;如果能用实物、图片、模型的,最好不用电脑模拟;能用学案给出资料、习题的,尽量不用投影字幕代替。

　　其次,教师可以适当改变课堂教学方式。在课堂教学中倡导以学生为主体,可以让学生充当教师的角色,阐述自己的观点,这种教学方式更易被学生接受和理解。例如:

　　数学课程标准中指出,在数学教学活动中,应该积极开发利用社会教育资源。所以可以适时请家长或专业人士当客座教师。如教学"合理存款"一课就可以请在银行工作的家长或理财专家来到课堂中上课,这样既可以调动学生学习的积极性,也会收到良好的效果。

　　再次,教师应合理编制"学案"。在设计"学案"时,要用学生的眼光看教材,用学生的认知、经验去感知教材,用学生的思维去研究教材,充分考虑学生自学过程中可能遇到的思维问题,并给出解决问题的建议。"学案"应具有适当的弹性,以实现个性发展与全面发展的统一。

　　总之,课程标准为见习教师的快速成长提供了新的舞台,也对带教导师的创造性提出了更高的要求。依据课程标准的理念,学生的学习方式将发生变化,教师的教学方式也将发生变化,教师将由传统知识的传授者转变为课堂教学的组织者、引导者和合作者。教学工作越来越难找到一套放之四海而皆准的模式，因此需要带教导师和见习教师在教学工作中随时反思和研究，在实践中学习和创新。另外，教学过程不再是机械地教授教材的过程，带教导师要指导见习教师从实际出发，利用更广泛的课程资源，共同开发课程和丰富课程。见习教师在教学过程中也要勇于实践，不断加深对教学规律及学习心理的研究，这样才能使教学真正成为富有个性化的创造性工作，也更适合学生发展的需要。

第六章

带教导师专业成长的区域保障

　　见习教师规范化培训是教师职业生涯的第一步，这对于每一位教师的专业发展至关重要，若干年后，也将直接影响所在区域教师队伍的整体质量，这也是每一位教师和区域管理者的共识。然而，在实践中带教导师群体易被忽视，带教导师的准入标准、过程性要求以及他们的自我发展等问题，区域相关职能部门应有关注并有自己的思考和实践。

　　培养一支高素质的带教导师队伍，主观上需要导师强烈的自我专业发展内驱力，客观上需要学校、区域教育行政部门等外部环境的支持，这也是一个相互促进、动态良性发展的过程。本章以浦东新区为例，为区域相关部门搭设导师成长平台支招。在关注见习教师专业发展的同时，浦东新区着眼于区域带教导师的队伍建设，以带教导师专业发展为核心，以区域支持体系为依托，以基地学校、聘任学校建设为基础，以培训课程建设为抓手，以督导方式创新为推进，构建区域支持、学校支撑与导师自主的"三位一体"的带教导师专业发展路径。

第一节　带教导师专业成长的区域支持路径

带教导师应具有多年的教育教学实践经验,尤其是基地学校的带教导师,其所在学校须为教师专业发展学校或优秀的校本研修学校,导师无论是学科素养还是专业能力在区域层面都应位于前列。但在项目的过程性随访和年检中发现,基地学校和聘任校的带教导师之间存在发展不平衡的状态。部分带教导师教育教学工作任务繁重,肩负着上有老下有小的生活负担,而且大多到了自身专业发展的高原期;传统带教往往以口耳相传、言传身教为主,带教过程中单向输出的现象较为普遍;基地学校的优秀带教经验难以得到分享与借鉴。这些现实问题制约着带教导师团队的整体发展。为了改善带教导师的专业发展环境,为带教导师搭建专业发展区域平台,支持、促进带教导师实现教师专业的持续发展,浦东新区逐步厘清、搭建了带教导师专业发展的区域支持路径。

一、制度支撑,构建导师专业发展保障

浦东新区的见习教师规范化培训在浦东教育局的领导下,由浦东教育发展研究院具体指导,由基地学校、聘任学校、浦东教育发展研究院、见习教师本人、第三方专业机构共五个培训主体合作联动落实培训要求,形成了浦东新区见习教师规范化培训过程管理的基本架构。

过程化管理是塑造浦东新区见习教师规范化培训特色管理模式的要求,过程化管理的根本是制度化。培训制度是使培训工作有效、有序进行的重要保证,是使培训工作实现规范化管理的制度保障。见习教师规范化培训的管理要靠制度来延续,只有建立、健全完善的培训制度体系,并将其付诸实施,有效执行,才能不断提高培训管理效率和水平,有效促进带教导师的专业成长。

浦东新区的见习教师规范化培训制度体系是以规范的培训管理机制为基础,按照培训制度分类和分层的标准,运用浦东新区区域培训标准化制度模板构建的,涵盖了浦东新区见习教师培训的制度集合,具有完整性、系统性和融合性的特点。

（一）制度设计的基本原则

要推动、引导和规范培训工作，使培训工作在区域人力资源开发中更好地发挥作用，必须建立一套系统、科学、严密、规范的培训制度。构建见习教师规范化培训制度需要遵循一定的原则。

1. 科学化原则

培训制度的全部内容必须体现出培训管理的科学性和可延续性。尽管不同层面、不同学校的培训制度具有不同的要求和特点，但都应当以现代培训管理理论为基础，遵循培训管理规律，结合区域实际，按照科学管理的要求制定相关培训制度。

2. 规范化原则

培训管理工作具有系统性、完整性的特点，需要统筹考虑，按照区域见习教师规范化培训建设标准化制度的要求，做到内容标准、流程规范、职责明确，并形成统一规范的制度文本。

3. 可操作原则

制定培训制度要紧密结合区域培训管理工作的实际，以基地学校和聘任学校的实际情况及需求为出发点。制定前要进行广泛深入的调研，确保所制定的培训制度具有可操作性，做到要求清晰、设计简明、执行有效。

4. 及时更新原则

培训制度需要定期更新、不断完善，要根据地区教育发展战略的调整和变革需求进行相应的补充和完善，保证培训制度能符合变革与发展的要求。

5. 基于继承的创新原则

对区域多年实践中形成的行之有效的见习教师培训管理经验和方法进行总结提炼，将管理经验固化，形成见习教师规范化培训制度。在学习借鉴国内外先进培训管理经验的同时，结合区域实际，在继承和借鉴的基础上不断创新，做到总结经验，吸收固化，博采众长，提升优化。

（二）制度设计的主要步骤

制定培训制度的步骤主要包括：梳理工作任务和内容、明确职责划分、规范流程程序、制定规章制度。

1. 梳理工作任务和内容

一是对见习教师规范化培训管理工作的任务进行梳理，明确工作内容，并逐项细化;二是明确完成工作任务需要重点监控的控制点,以及应该采取的措施;三是对见习教师规范化培训管理中积累的好经验、好做法进行总结提炼,形成规范,将其固定为管理制度;四是发现管理中存在的问题,找出问题的症结,提出解决问题的措施和办法。

2. 明确职责划分

结合工作任务和内容,明确区教育局、教发院(教师教育学院)、基地学校、聘任学校及第三方专业机构在培训项目中的权利和责任。以项目为中心划分职责能有效整合资源,有利于部门之间的工作配合,有利于监督检查、问责和考核。以见习教师规范化培训项目为中心划分职责是制度制定的基础和关键。

3. 规范流程程序

依据职责划分工作内容,用图表和文字等形式,将客观存在于管理中的项目行为按步骤和岗位记录下来,形成程序化文件,用来规范培训项目的操作过程。通过编制培训流程和工作程序文本,传承工作经验,固化岗位职责和程序,使制度建设不仅关注结果也关注过程,实现精细化、标准化和文本化管理。

4. 制定规章制度

浦东新区先后制定了《浦东新区教师继续教育"十二五"规划》《浦东新区教师继续教育"十三五"规划》《浦东新区见习教师规范化培训课程建设方案》《浦东新区见习教师规范化培训管理工作文本汇编》和《浦东新区见习教师规范化培训手册》等见习教师规范化培训相关的制度文件。这些文件详细规定了导师选拔的条件、师徒关系的确立、带教计划、导师带徒的日常管理、出徒考核、培训课程的开发与使用等,从而为导师带教工作的规范化管理提供制度保障。在规范化培训工作中,项目组的全体成员分别对部分基地学校和聘任学校进行走访,了解学员到位情况及指导教师的指导效果,同时积极依靠学校师训专管员,建立培训布置、传递、落实、检查、评价等环节。每学期伊始召开基地学校、聘任学校师训专管员培训情况通报会,各校介绍经验、提出问题、研究解决方案。各基地学校、聘任学校每学年上报见习教师规范化培训工作总结。

浦东新区见习教师规范化培训项目组在上级职能部门的领导下,用一系列制度来规范培训,保障见习教师和带教导师团队的整体发展。

二、多维支持,优化导师专业发展环境

(一) 基地校与聘任校联动,形成带教合力

见习教师培训采用双导师制,即所在学校(聘任校)和基地学校共有两位导师。两位导师属不同的学校,在一年的见习教师规范化培训中处在不同的时空线上,因所处教育环境不同,其在教育教学方法和理念、带教方法和策略等方面都不尽相同,各有特点。为更好地发挥导师的优势与特长,浦东新区把基地学校加强与聘任学校的联系和互动作为一项重要年检指标,在制度上促成基地学校与聘任学校的联动,以期通过双方导师的努力,共享带教经验,形成带教合力,推进见习教师的规范化培训。经过多年努力,这已然成为"团队带教"新的增长点,很多基地学校为此做了积极探索。

一些基地学校受办学规模限制,音乐、美术等"小学科"带教导师资源紧缺,导师势单力薄,很难形成团队力量。为了破解这个难题,上海市华林中学音乐学科带教导师俞秀华尝试组建基地校和聘任校联合教研组来增强带教力量,使得见习教师在联合教研体中不断汲取经验和力量。

上海南汇第二中学基地学校牵头,每学期至少召开一次由各聘任校分管副校长、带教导师代表参加的培训联席会议,向他们介绍学校的培训方案、培训课程,以及对学员的参训要求和考核办法。双方共享对学员前测的数据,了解参训学员的心声,交流在培训过程中各校成功的经验。

上海市建平中学西校加强双方导师之间的联系,鼓励学员根据两校不同的学情,提出自我需求和教学设计方案,观察、总结双方导师的异同,并有机吸纳,同一教学设计方案主动接受双导师的指导。

上海市建平世纪中学、上海市浦东新区园西小学等基地学校的带教导师都曾主动到聘任学校听所带教学员的课,并与聘任校的带教导师、教研组长、科研主任等进行座谈交流。同时也邀请聘任学校的带教导师到基地学校一起进行教育教学工作的探讨,进而促成基地校和聘任校之间学科教研活动的常规合作。

上海中学东校实行"研训合一",引导学员在进行各项比较的基础上学会优选,实现专业支持与互补。培训过程线上线下互动,包括建立 QQ 群、微信群的跨时空指导,整合两校导师的优势。这不仅有利于见习教师的日常工作协调和

学习时间保证,还有助于学校对见习教师的培养状况进行动态、全方位的了解,有助于双方带教导师对培训内容进行整体把握,调整培训课程,进而提高培训效益。

带教导师在实践观摩、交流聆听、案例剖析、专题研讨中,深刻意识到见习教师规范化培训要充分关注学员的个性差异和不同需求。通过多向交流与互动,见习教师和双导师都获得了有效的专业成长资源,尤其是使不同经验水平的导师通过互动交流实现双赢和共同成长。

(二) 机制激励,激发带教热情

1. 经费支持加绩效奖励

浦东新区对见习教师规范化培训中的基地学校、带教导师以及组织实施规范化培训的管理人员都有明确的职责要求。同时会根据他们的区域贡献和职责达成情况,参照《浦东新区见习教师培训基地培训方案评估标准》《浦东新区见习教师培训基地培训实施过程评估标准》《浦东新区见习教师培训基地培训工作年检考核标准》等,由浦东教育发展研究院见习教师规范化培训项目组对基地学校的培训工作实行动态管理,进行全程指导与考核,考核结果分为优秀、合格、不合格。在学校的绩效奖励总额度上拉开不同等第奖励的差距,具体奖励下发到相关学校,由学校根据带教导师承担的规范化培训任务予以灵活分配,以激发基地学校和带教导师多劳多得、优劳多得的工作积极性。

2. 区级学分和荣誉称号支持

为造就一支师德高尚、业务精湛的高素质带教导师队伍,提高基地学校带教导师工作的积极性,浦东新区制定了《浦东新区见习教师规范化培训基地学校带教导师学分登记、奖励等实施办法》等文件,为参与带教的导师提供研修学分和区级有关荣誉称号。

(1) 基地学校的带教见习教师培训学习,每指导 1 名见习教师并且考核达到合格,导师承担的专业工作(公开课、教育教学工作指导等)记 1 个研修学分;参与基地学校带教工作并有贡献的带教导师可记教师继续教育区级科研 2 个学分。

(2) 如果带教导师为区学科带头人和骨干教师,指导见习教师培训期间按计划开设的面向见习教师的教学展示以及带教证明,在区级年度履职考核中可以作为同级别的区级荣誉和证明使用。

（3）将学校开展见习教师规范化培训工作的成效,作为考察学校党政主要领导工作绩效的重要内容之一。将导师的带教纳入对骨干教师、学科带头人的考核与评审中,对评为区级优秀带教导师的教师在区级学科带头人和骨干教师的评审中同等条件下优先录取。

（三）分层评价,促进导师梯队发展

浦东新区带教导师队伍主要有名师基地主持人、特级教师、区级学科带头人、区级骨干教师等,他们除了自身在学校发挥示范引领作用外,还不同程度地承担着促进见习教师专业发展的职责。为全面提高见习教师规范化培训工作的质量,浦东新区陆续出台了《浦东新区见习教师规范化培训基地学校带教导师推优工作》《关于优秀教师和见习教师规范化培训绩效奖励的建议方案》《浦东新区中小学(幼儿园)见习教师规范化培训优秀指导教师推选标准》等一系列文件,建立了由区域到学校的各级各类相配套的带教导师的评价内容与标准,并对照标准实行定期考核、评比和奖惩。

每年的5～6月,浦东新区对每一位签约的带教导师从带教数量、带教质量等方面开展综合考评,并结合《浦东新区见习教师规范化培训基地学校带教导师推优工作》的精神,由各基地学校推选出本校20%的签约指导教师参加区级优秀导师评选。

区域层面为每位教师的专业发展搭建了"见习期教师—青年新秀—区级骨干后备—区级骨干教师—区级学科带头人后备—区级学科带头人—区级学科工作坊主持人—特级教师—名师基地主持人"的发展路径。在见习教师规范化培训中,带教导师因在带教中的公开课示范、评优课指导、优秀带教导师评选等工作中的付出,可以获得比其他教师更多的机会和荣誉,在专业发展的道路上能更快地迈上更高的台阶。

三、多元举措,搭设导师专业发展立交桥

带教导师对提升见习教师的整体素质具有重要的促进作用。导师是见习教师专业成长的重要引路人,见习教师在不断观察、模仿、借鉴他们的同时也增加了专业知识、增强了教学信念。很多导师不仅努力践行规范化培训层层递进的培训要求,且将其作为自我发展的载体。越来越多导师自觉进修业务,提升专业

水平,以适应日常教学和见习教师带教的需求。导师带教的见习教师的需求、个性、成长环境在不断变化,但是部分带教导师的教学风格、教育思维方式等已基本定型,导师也急需培训与指导。为此,浦东新区在区域搭建了多个通道,以期合力推进带教导师队伍的发展。

(一) 以赛促培,教学相长

浦东新区对见习教师的考评,不仅有区级的集中学习考评、基地学校的培训考评和聘任学校的培训考评,还有区级的课堂教学综合考评。见习教师每人执教一节公开课。先由基地学校对见习教师进行严格的课堂教学考评,其中60%的学员由基地校完成区级课堂教学考评的达标考核,40%的学员由基地校推荐到区级层面,参加区级课堂教学优秀和良好等第的考核。获得区级课堂教学考评优秀的学员,同时要在基地学校、聘任学校和教发院的考核中均为优秀,方可获得优秀学员称号。

区域对基地学校提交的60%学员达标考核,组织专家考查各校对合格标准的把握情况。如果专家组认定某见习教师考核不合格,将给其一次补考的机会,在补考之前学校导师须对见习教师进行针对性的辅导,如果补考再次不合格,则不予颁发见习教师培训结业证书。对考评优秀的见习教师则将其推荐到全区,分学段进行预赛和决赛,并推荐参加市级见习教师基本功大赛。这些比赛的成绩也是衡量基地学校和带教导师工作成效的重要依据之一。

一年培训结业后,为了进一步了解学员培训后的效果,区域还会对学员的专业发展进行跟踪。对两年教龄的教师举行基本功跟踪考评,对三年教龄的教师举行"新苗杯"比赛。这些比赛除了当堂进行教学设计外,还要进行现场教学。

各基地学校和聘任学校对见习教师的这些比赛都非常重视,学校领导、主管主任、师训员、带教导师都积极参与。这些比赛,从表层上看是见习教师专业素养的比拼,实际上是带教导师的专业指导以及导师团队综合实力的比拼。

在这个过程中,导师主动查阅资料、研读文本、精心设计和打磨每一个教学环节。通过层层比赛,导师对专业领域有了深入的思考与提炼,可以将以前没有总结或是来不及总结的智慧火花,归纳整理和总结升华。这是一个指导者与被指导者互相启发、影响,导师与见习教师教学相长的正向发展过程。同时,比赛的过程也是导师和见习教师观摩学习其他教师精彩的课堂教学的过程。导师会结合见习教师在各项比赛中的表现和考核结果,迅速调整,不断改进带教工作。

"以赛促培"的方式,以比赛为切入点,激发了学校、导师、见习教师三者自培的积极性和主动性,起到了"培训双赢"的效果。

（二）"临床诊断",加强研究

见习教师规范化培训最大的特点在于"临床性",基地学校作为见习教师"临床教学"的基地,区域要求各基地学校组建针对见习教师规范化培训的带教与工作小组,将实践带教与专业诊断有机结合。

带教导师主要采取临床式"学科（管理）诊断法"为见习教师进行课堂教学（管理）的专业诊断:一是发现见习教师教学（管理）行为中的问题,及时予以矫正;二是挖掘并维持见习教师的教学（管理）特色;三是激发见习教师的问题意识和研究意识,促进其自主教学（管理）诊断能力的发展。带教导师的教学（管理）诊断主要分为教学（管理）设计能力诊断和教学（管理）实施能力诊断,并且要为自己所指导的见习教师填写《教学（管理）设计能力诊断书》和《教学（管理）实施能力诊断书》,从而使见习教师的教学（管理）诊断真正达到可视化、可量化、可操作、可评价的效果,促进见习教师的专业成长。

基地学校的领导和带教导师也在临床指导中感受到全新的挑战,他们在实践中研究,在研究中反思,共同研制各学科"临床"诊断书,推进、改善教学实践和带教实践。

以"临床诊断"为抓手的培训也是一种问题式培训,见习教师带着问题走进课堂,导师根据诊断的问题进行有针对性的指导。问题从实践和诊断中来,在实践中逐步解决并进行新的诊断,产生新的问题。导师在"诊断"和解决问题的过程中不断丰富着自己的理论素养,改善自己的实践行为。这样的诊断与问题解决,实际上是基于问题的小课题研究。这种研究和实践需求紧密相关,因带教任务的需要在一段时间内聚焦某个实际问题进行一系列深入而持久的有效探索,这既解决了见习教师面临的现实问题,又倒逼了带教导师的成长。

为了使"临床诊断"具有一定的持续性,区域还开展了"见习教师志愿者"研究活动。从每学年的见习教师中征集志愿者作为研究样本,以访谈、座谈、问卷、专业成果反馈等方式,跟踪或追溯见习教师的成长轨迹。通过对往届见习教师的调研,促使带教导师总结、反思培训的实效,梳理相关内容,提升区域带教团队的整体水平。

第二节　带教导师专业成长的区域支持策略

带教导师在指导见习教师的过程中遇到的问题复杂多样,实践中出现的问题要在实践中解决,专家跟踪指导的培训模式为解决见习教师规范化培训中出现的实际问题提供了专业化的平台。

一、区域专家跟踪指导

浦东新区实施见习教师规范化培训面临很多现实问题:第一大问题是见习教师的体量庞大,分布广,加大了培训的组织难度和运作成本;另一个现实问题是各基地学校的发展历史、校园文化差异很大,导师带教效果迥异。带教导师不可能精通所有,他们的知识结构以及教学风格和特长在某种程度上也会存在一定的局限和缺陷,他们在教育教学指导方面也存在一些问题。

面对这些困难和问题,项目组努力做到全程跟踪,不仅有培训之前的需求调研和培训方案的评阅、指导、修改、反馈,还有培训中期的过程检查和后期的培训质效调研。项目组在跟踪过程中适时调研、反馈,帮助带教导师指导改进。然而,项目组人手有限,专业人员更加有限,若要一一化解上述问题,获得项目运作成效的最大化,需要借助更为专业的团队或机构。

二、强化区域专家督导力度

在现实背景下,浦东新区通过公开招标的方式,引进了有资质的教育专业服务机构,组建了一支强大的专家团队,支撑浦东见习教师规范化培训的过程性管理与总结性评估。见习教师规范化培训项目构建起以基地学校骨干教师为主体、教发院专业人员为主导、社会性专业机构的培训专家为支撑的见习教师规范化培训管理实施网络。

项目组要求社会性专业机构作为第三方服务机构在开展业务时,应根据要求聘请熟悉教育政策法规、办学与管理并具有相关经验的专业人员组成专家团队承担相关事务。在业务评估中,评估组成员要具有较高的稳定性,并且全程接受项目组的指导,开展培训指导、过程监管以及对基地学校年检和对聘任学校考核等工作。有了这支专家团队,对带教导师的培训和管理区域不仅能做到全程跟踪,还做到了点对点指导。

区域为了更好地了解见习教师培训的效能,每年对见习教师基地学校开展督导检查。督导检查的程序与内容如下:

(1) 听取学校的自评报告汇报;

(2) 查阅相关资料,包括基地学校培训方案的制订、活动记录和实施情况,带教导师资料袋、导师带教计划的制订,学员手册里见习培训计划的制订等;

(3) 访谈带教导师和见习教师,了解带教导师听课和培训学员具体实施的情况,团队带教及学员培训情况反馈,学员的学习态度、适应程度等;

(4) 检查组汇总,向学校领导小组反馈。

检查组对基地学校的督导检查实际上是发现问题并指导改进的过程。通过了解学校实施的情况,针对存在的问题予以指导,特别是为新评选上的基地学校把脉、诊断,使这些新基地学校更好地把握正确、规范的培训方向和路径,修订培训方案,及时调整培训计划,从而保证见习教师规范化培训工作有序开展。此外,专家还会与学校一起梳理经验和特色,找出下一学年需要改进的问题,然后基地学校根据专家的建议调整相关培训内容。专家组对学校见习教师规范化培训的整体工作情况进行分析评估并分档排序,此结果将影响带教导师的绩效奖励(具体见表6-1和表6-2)。

与之同步推进的是聘任学校的年检工作。区域有400多所聘任学校,会评选出优秀、良好、合格等不同等第的聘任学校,这些结果对校本研修学校评审、教师专业发展学校评审都有一定的参考作用。

从表格内容可以看出,专家团队的关注点紧紧围绕见习教师规范化培训四大板块18个要点的内容。专家团队根据访谈和资料查阅,充分肯定带教导师的带教成绩,并指出带教中存在的问题,提出今后修改的建议。强调导师带教成果的固化,做好过程记录,留存培训反思档案。

表6—1 _____学年见习教师规范化培训基地学校学员自查表（中小学）

学校：_____　　　填表人：_____

序号	学员姓名	学段	学科	一、职业感与师德修养			二、课堂经历与教学实践																三、班级工作与育德体验						四、教学研究与专业发展		
				1	2	3	1	2	3	4	5	6	7	8	9	10	11	12	13	14	15	16	17	1	2	3	4	5	6	1	2	3
				个人参培计划书（份）	职业生涯体验随笔（篇）	阶段性小结（份）	解读课标专题发言（次）	单元教学设计（份）	教材分析（份）	撰写教案（篇）	说课（次）	教学反思（篇）	听导师课（节）	上公开课（节）	自评和反思公开课（节）	保留公开课录像资料（节）	听观摩课（节）	点评其他教师执教的课（节）	撰写评课报告（篇）	编写学生单元作业（份）	编写单元考试试卷（份）	单元质量分析（篇）	考试班级质量分析（篇）	观摩班干部会议（次）	观摩学生座谈会（次）	观摩主题班会（次）	设计班干部会议方案（份）	设计主题班会方案（份）	设计班级社会实践活动方案（份）	参与策划备课组活动（次）	三年个人专业发展计划（份）	其他
1																																
2																																
3																																
4																																
5																																
……																																
合计																																

表6-2 见习教师规范化培训基地学校导师自查样本(中小学)

类别	序号	内容
一、职业感悟与师德修养	1	辅导学员制订个人参培计划书(份)
	2	督促学员完成职业生涯随笔(篇)
	3	辅导学员完成规范化培训阶段总结(份)
二、课堂经历与教学实践	1	指导学员研读学科课程标准并在教研组内做课标解读专题发言(次)
	2	指导学员研读教材完成单元教学设计(篇)
	3	指导学员研读教材完成教材分析和编写教案(篇)
	4	指导学员说课(次)
	5	指导学员上公开课并进行教学自评和反思(次)
	6	督促学员有针对性地听观摩课(节)
	7	督促学员有针对性地点评其他教师的课(节)
	8	指导学员撰写观课评课报告(篇)
	9	指导学员编制学生单元作业(份)
	10	指导学员编制单元考试试卷(份)
	11	指导学员撰写单元质量分析(篇)
	12	指导学员进行期中或期末考试班级质量分析(篇)
	13	指导学员设计拓展型选修课的构思与课程概要(门)
三、班级工作与育德体验	1	为学员提供班干部会议、学生座谈会、家访、主题班会等的观摩机会
	2	指导学员修改班干部会议方案(次)
	3	指导学员修改主题班会方案(次)
	4	指导学员修改班级社会实践活动方案(次)
	5	为学员示范班级情况分析、学生个案分析、学生学期评语(次)
	6	给学员提供班级情况分析修改意见(份)
	7	给学员提供学生个案分析修改意见(份)
	8	给学员提供学生学期评语修改意见(份)
四、教学研究与专业发展	1	为学员推荐专业书(本)
	2	督促学员完成读书笔记(篇)
	3	督促学员参加教研组活动(次)
	4	指导学员参与策划备课组活动(次)
	5	指导学员修改三年个人专业发展计划(份)

（续表）

一、职业感悟与师德修养			二、课堂经历与教学实践													三、班级工作与育德体验								四、教学研究与专业发展				
1	2	3	1	2	3	4	5	6	7	8	9	10	11	12	13	1	2	3	4	5	6	7	8	1	2	3	4	5

有一个必不可少的环节是访谈见习教师和带教导师,在这个过程中专家团队通过语言交流了解带教导师的所思所想,分析带教过程中影响他们带教行为背后的相关事件,了解他们的教育教学观,进而对症下药加以指导。专家组采用区域统一设计的访谈提纲,填写好"导师带教工作检查和座谈会记录表",对带教导师进行半结构化访谈。

表6-3 导师带教工作检查和座谈会记录表

检查学校_____

材料反映的导师带教情况(重点看带教履职的佐证材料)
检查要点:导师的带教计划、听课与点评指导记录、带教内容的针对性和课程化(或系统性)。
导师座谈访谈(了解导师带教情况)
座谈提纲:(1)导师团队合力作用的发挥;(2)基地导师与聘任学校导师的合作;(3)每周2天的带教安排(培训内容的落实情况);(4)截至目前导师听学员课的数量;(5)培训内容的针对性和系统性。
导师的带教情况小结
一、优点或亮点:
二、问题和建议:
检查组成员签名_____ 日期_____

同时,专家组会结合见习教师对导师培训的评价、态度以及后期的期望等,及时向带教导师反馈,使导师的直接经验和间接经验快速建立联系。

专家团队对带教导师点对点指导的形式分为以下几种：

（1）互动生成式

互动生成式是指带教导师和专家在具体的情景交互和思维碰撞中，导师建构属于自己的带教体验的方式。指导专家和带教导师对共同关注的问题进行开放性的对话，专家根据带教导师的反应了解带教质量并及时给出反馈。例如，有些专家发现很多导师很重视区级见习教师课堂教学考评指导，他们非常关注对见习教师课堂教学的现场指导，还开展了课堂观察，但却常常忽略学员的课前准备和课后反思。于是指导专家就这个问题和导师进行了深入沟通：见习教师课前对教学通常处于浅表性认知层面，带教导师应如何洞察到他们在教学设计中所处的困境并指导实践？在课后应如何将自己的观察和体会及时、清晰地呈现给见习教师，帮助他们对感性经验进行反思和提炼？在持续的对话和互动中，双方将问题层层推进、深入剖析，在问题解决的过程中导师也建构了应有的实践性指导知识。

基地学校强调浸润式培训，聘任学校强调见习教师跟岗培训，所以在基地学校和聘任学校中现场互动的内容和关注的重心会有所不同。例如，专家在基地学校侧重了解周一、周四这两个整天学校的顶层设计、组织实施、组织考核和具体培训的抓手；而在聘任学校年检时，则比较关注导师对学员的跟岗管理、跟踪指导的基本做法以及和基地学校之间的互动等内容。

（2）触类旁通式

触类旁通式分两种情况。第一种是邀请很多学校的校（园）长参加基地学校和聘任学校的年检工作，促使他们通过深入了解其他兄弟学校的年检意识到见习教师培训工作的双重价值，回到学校后可以参考年检中其他学校的先进经验，针对本校情况，创新改革，在导师管理等方面做出改变。第二种是区域指导专家在查阅资料和听取汇报后，针对带教导师暴露的问题，通过列举其他学校的做法予以引导，启发他们对比其他导师和自我带教的不同，从而调整自我的带教。

在访谈中发现部分导师的带教过于粗放，于是区域指导专家介绍了上海市浦东新区张江高科实验小学引领见习教师在"两支笔"备课中反思教学的案例。该校制定了见习教师"两支笔"备课的制度：一只蓝笔书写对集体备课教案的个别化调整内容，一只红笔书写教学之后各环节出现的与预设目标的不同之处及对此引发的思考。这种案例式的现场培训,对带教导师很有启发。

　　针对个别带教导师带教工作缺乏整体计划的现象,区域指导专家呈现了其他学校基于实践、针对问题的培训计划。例如,某幼儿园从实际出发,针对见习教师在教育教学工作中遇到的问题,确定了培训"每月一重点"。10月,观摩骨干教师的半日活动,梳理上午半日活动中各个环节的衔接和最基本的组织管理;11月,结合家园共育活动,在导师指导下策划家园共育活动方案并尝试组织活动;12月,考虑到见习教师将来要担任小、中、大各个年龄阶段的班主任工作,于是由导师指导编写周、日计划,并做出示范样本,同时做好保教质量分析;次年3月,对见习教师进行一次半日活动蹲点指导活动,并鼓励见习教师参加"教师风采展示月"活动,包括主题活动设计、说课活动、主题绘画活动、环境创设的展示交流活动等;4月,针对见习教师成长汇报展示课进行评析、反馈,指导他们逐步将他人的评析进行内化;5月,指导见习教师观摩小、中、大班的半日活动,尝试写出观摩活动报告,并在教研组长的指导和帮助下,筹备并组织一次有关幼儿活动设计的研讨活动;6月,提供条件让见习教师有目的地观摩,在一日活动中对某个幼儿进行连续观察,并对幼儿的发展做出初步分析。

　　专家对他人带教活动的分析和列举,为带教导师提供了培训参考的"样例",把他们对培训的理解引向深入,促使他们从他人的感性经验中得到启发,从而不断改善自己的实践行为。

　　专家还对基地学校和聘任学校的培训方案、导师带教计划进行持续的改进指导。组织区域专家团队收集、评阅各学校的《见习教师规范化培训基地学校培训方案》《见习教师规范化培训聘任学校培训方案》《见习教师规范化培训基地学校导师带教计划》等文本,针对培训过程中出现的问题,对方案和计划提出明确而具体的修改意见,指导学校不断修订完善。同时汇集各校完善后的文本,评选出部分优秀方案和计划,汇编成册进行区域推广,一步一个脚印地推动见习教师规范化培训向纵深发展。

　　在点对点的检查中,区域形成人力资源的多种组合,即区域层面、基地学校、聘任学校及专业机构等的资源优势互补。第三方机构是介于政府与社会之间的"中间层",是一个中立组织,更能以客观公正的视角审视学校的见习教师规范化培训工作和带教导师的指导工作,这样也使评估与指导更具权威性。

三、实现区域优质资源共享

见习教师规范化培训是从无到有、从有到优的过程,在这个过程中无论是基地学校、带教导师,还是聘任学校,或是项目组,都在实施过程中不断改进、不断完善。很多基地学校刚开始时茫然无措,经过几年的培训实践,也逐渐形成了较为有效的做法。它们大多能结合学校的办学特色和学科优势,走出特色培训之路,促使见习教师养成良好的教学行为与职业规范。

上海市川沙中学、上海市高行中学对导师和教研组抓得紧,依靠团队力量开展规范化培训,注重团队交流成果,分享资源。导师根据实际情况制订见习教师带教计划,运用见习教师的教学实录指导他们改进完善,对学员的学习内容有个性化指导,学员对导师满意度较高。

上海市建平中学对见习教师的培训实行"三导师制":学校指定一些师德高尚、善于交流示范、业务精湛的教师组成伦理导师团,秉承"德高为师,身正为范"的训言,在平时工作中言传身教,率先垂范,引导见习教师爱岗敬业,热爱教育教学工作;学科导师——见习教师的学科导师都是相应学科的骨干教师,专业能力强,敬业精神足,师德风范好,并且要求备课组、教研组做强有力的后盾,指导见习教师的成长;德育导师——见习教师的德育导师都是教育工作经验丰富和班主任工作优秀的教师。

上海市浦东新区东方幼儿园充分运用了教研组的力量,组织见习教师参与教研活动,鼓励他们敢于发出自己的声音,表达自己的想法。见习教师开课,同一年级组的教师都来参与听课评课,在开放求实的教研氛围中一起讨论、共同进步。教研组经过不断推敲开展的经典活动展示,让见习教师眼前一亮,感受到集体智慧的力量。

为了更好地推进和优化培训,项目组以制度建设为抓手,以年度检查为手段,将发现特色做法、提炼培训经验与发现问题提出整改意见并重,每次年检都会发现值得学习和借鉴的有效做法、特色亮点。

为了更好地将特色经验辐射出去,区域曾多次结合"教学展示周"进行见习教师规范化培训展示交流。例如,在浦东新区明珠森兰小学举行"见习教师培训专题展示活动",推选出华东师范大学第二附属中学、上海市进才中学东校、上海市浦东新区园西小学等学校作为代表进行专场展示交流。会上各学校展示了基地学校和聘任学校的培训顶层设计、导师队伍建设、案例培训、课程建设、成果经验等内容,既为这些学校搭建了交流平台,同时也盘活了培训资源,实现了区域共享。

除专场交流展示外,区域会定期引导学校总结提炼有效做法,形成有价值的文本和课程,并组织专家进行指导,梳理出基地学校和聘任学校的优秀经验,汇编了《见习优秀带教导师科研诊断成果集》《见习教师教学设计举萃》《基地学校培训工作经验汇编》《聘任学校带教导师培训心得集》等系列成果,并将这些经验与成果发放给基地学校和聘任学校,供学校和教师进行案例式学习。例如,《见习教师教学设计举萃》在见习教师学科教学设计后,附有带教导师点评,既能让导师实现全方位的指导,还可以让带教导师反思带教指导工作,从而改善自身的教育教学行为。

由特级教师主持的名师工作室、教师培训基地和由区级学科带头人主持的学科工作坊,也在见习教师规范化培训中发挥着传帮带的作用。他们通过自身专业的示范与引领,丰富了见习教师培训的途径,产生了优质教育资源的辐射效应。

区域层面还定期组织基地学校分管校长、师训专管员和带教导师等进行专题培训,邀请市、区两级专家传达文件精神,及时反馈检查中发现的问题,提出改进意见和建议。很多学校根据培训和反馈适时调整了学校的教师队伍建设方案,部分学校还调整了带教队伍,补充了不少优秀教师。不少基地学校以此为契机,优化本校教师专业发展的机制,将带教工作与本校的教师专业发展工作有机整合,整体优化了学校师资队伍建设工作,使基地培训和导师带教形成各自的特色,区域范围呈现出百花齐放的态势。

第三节　带教导师专业成长的区域培训课程建设支持

　　浦东新区在多年的见习教师规范化培训中一直以教师专业标准为导向,以培训需求为出发点,贴近见习教师实际,注重引领见习教师专业发展的规范化培训课程的开发,逐步构建了具有区域特点的见习教师规范化培训课程体系,提高了区域见习教师规范化培训课程开发和建设的能力,提高了见习教师规范化培训的质量和效益。

一、区域见习教师培训课程建设的背景

　　近年来,浦东新区见习教师体量庞大且增幅较大(见表6-4),区域面临前所未有的挑战。为了迎接挑战,变挑战为机遇,浦东教育发展研究院积极探索促进见习教师成长的路径,从区域、学校带教导师、见习教师个体等层面整体设计一年期见习教师规范化培训,从培训内容、培训方式和培训评价等方面,建构了具有特色的见习教师规范化培训框架和路径(见图6-1)。

　　区域层面的整体设计包括区域的集中培训、学员的自主研修和基地学校的导师带教三大板块。其中,导师的带教指导一般是在具体的教学情境中进行教育教学的实践与研讨,在带教过程中导师会传递一些课堂教学与教学管理的常规而有效的经验和做法,并能根据见习教师的问题、困惑机动灵活地加以指导和点拨。

表6-4　2011—2019 学年浦东新区见习教师人数统计表

	2011 学年	2014 学年	2017 学年	2018 学年	2019 学年	2020 学年	2021 学年
人数	900 余人	1500 余人	1400 余人	1500 余人	1900 余人	1700 余人	2400 余人

　　在多年的见习教师规范化培训的过程管理中,我们发现在教育教学实践层面,见习教师存在许多共性的问题和困惑,对此导师们有他们的应对之策;职初教师的专业成长存在一些共性的规律,这些对于带教导师而言也如数家珍,他们积累了大量鲜活的实践案例。但繁重的教育教学工作和带教任务,使学校和带

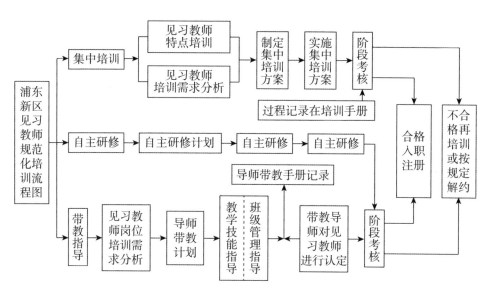

图 6－1　浦东新区见习教师规范化培训框架和路径

教导师无力也无意识将这些宝贵的经验以课程的形式固化下来,使其成为可用于培训的宝贵资源。

　　为此,项目组经慎重思考、多轮论证后决定改善见习教师规范化培训中师傅传帮带、口耳相传带徒弟的常规方式,倡导将带教导师团队成熟的经验以提升实践智慧的形式固化下来,形成培训课程,以便与区域教师继续教育选修课程的建设思路高度统一。

二、区域见习教师培训课程存在的问题及原因

　　浦东新区经历了多轮教师规范化培训,积累了一些有效的经验和做法。为进一步提升带教工作的效能,很多基地学校从 2012 年开始,努力改变师傅带教的单一模式,在积累带教经验和资料的基础上,组织导师团队共同开发见习教师培训课程。陆续有学校开发了一些较为成熟的见习规培课程,且形成了通识培训、专题培训、学科培训等内容体系,课程内容注重教育教学实践性与针对性,部分已形成文本资源供学员学习使用。课程开发者有学校的行政领导、教科研人员,也有带教导师。这样的课程开发使学校的见习教师规范化培训工作进入专业化、系列化阶段,课程开发者及其团队也因此对现有的经验与成效进行深入的思考与提炼,从而获得专业理论与实践技能的提升。基于教师实践智慧提升的

课程建设应具有一定的理论性、系统性和科学性,这种课程建设有很大难度,在培训课程初始推进阶段也存在一定的问题。

（一）主要问题

第一,培训课程的开设具有随意性。浦东新区从"十一五"开始鼓励区级学科带头人、骨干教师开发教师继续教育培训课程,将培训课程的开发与实施作为骨干教师和学科带头人专业发展的一项重要内容。因此,部分学科带头人、骨干教师将面向区域成熟教师的培训课程,简单随意地用于见习教师规范化培训,并未根据见习教师的发展规律和特点加以调整、改进。部分课程甚至将研究对象设定为学生,而非见习教师群体。有些课程虽然对象意识比较清晰,但对课程的内容、形式等没有进行深入分析,课程模块之间缺乏内在的逻辑关联。个别课程还呈现出碎片化、拼盘化现象,而且培训内容的主题不够清晰、明确。

第二,培训课程缺乏理论支撑。带教导师的教育教学经验大多来自课堂教学实践和班级的管理实践,开发的培训课程自然也是基于导师自身的实践经验,具有较强的实践性和操作性,是可供模仿、可资借鉴的具有实效的技能技巧和策略。但这些经验多以教育叙事的形式呈现,导师对教学实践背后的基础理论探究不够深入,导致课程缺乏必要的理论支撑,使导师拥有的实践智慧无法提炼成更为简洁、可供广泛传承的内容,课程的科学性、系统性和完整性存在一定的缺陷,课程的质量无法得到保障。

第三,忽略学员的需求及对实际问题的分析。带教导师的特长是实践经验丰富,因此开发的基于实践智慧提升的课程要坚持实践导向,开发和建设有教育教学理论支撑的实践性课程。但有些带教导师并未意识到对见习教师的培训需求做充分调查的重要性,没有对见习教师成长中的问题进行针对性分析。因为忽略了这些环节,有些培训课程无法做到以需求为导向,也就无法精准对症下药、有的放矢地开发课程和组织培训,无法提高见习教师解决实际问题的能力。

（二）问题背后的原因

第一,基地学校之间存在差异。区域承担见习带教任务的基地学校有市级专业发展学校、区级教师专业发展学校和部分优秀的校本研修学校。基地学校有评上几年的,也有新评上的。这些学校间的发展水平存在一定差距,学校导师之间同样也存在差距,包括导师的学科素养、理论基础、教育教学技能、带教经验等。学校和带教导师在课程开发意识、课程开发和实施经验等方面同样存在差异,这些差异在课程建设中将直接影响课程的整体质量,进而影响见习教师的成长。

第二,部分带教导师工作繁重,缺乏精力。浦东近几年的见习教师人数激增,很多基地学校承担了大量的培训工作。有些基地学校的带教导师既要指导学科教学又要指导班主任工作,部分基地学校的一名导师要指导数名见习教师,并且还要完成学校其他工作,繁重、琐碎的工作任务使得导师们精力不足,学习时间碎片化。同时,带教导师的理论水平也有待提高。

第三,学校缺乏对课程开发的管理与指导意识。培训课程如何开发? 开发培训课程有哪些路径和基本要求? 如何把教学经验和教学研究成果转化为培训课程? 如何取得课程专家的过程性指导? 开发完成的课程应如何申报? 有哪些申报流程? 课程如何实施与评价? 培训课程面向见习教师开设后如何改进? ……有些带教导师不了解培训课程开发的基本路径和技术要求,一些导师则缺乏把教学研究成果转化为培训课程的能力。很多学校在这方面没有引起足够的重视,导致带教导师的课程意识不强,在课程开发和实施过程中也缺乏一定的专业指导和必要的外部支持。课程建设对基地学校和带教导师而言,是见习教师规范化培训中难度最大的一项工作,管理者在倡导的同时必须将过程管理与专业支持提供到位。

（三）　区域培训课程建设的框架设计

为了更好地坚持"五个导向",指导带教导师建设基于提升教育教学实践智慧的实践性课程,区域层面必须对见习教师规范化培训课程建设进行整体设计和引导。为此,浦东教育发展研究院整合了区内外课程建设专家的建议,听取了全区各培训基地的需求和意见,坚持高起点、严要求、重实效的原则,组织研制了《浦东新区见习教师规范化培训课程建设方案(试行)》《浦东新区见习教师规范化培训课程实施意见》等指导性文件。文件明确了课程建设的指导思想,厘清了基地学校的课程内容应凸显主题化、系列化的特点,提出了浦东新区见习教师规范化培训课程建设的具体要求(见表6-5),确定了浦东新区见习教师规范化培训课程建设的基本程序(见图6-2),对课程的具体流程及保障机制都进行了详细说明,为课程建设工作的开展提供了政策依据。

表6-5　浦东新区见习教师规范化培训课程建设的具体要求

具体要素	主要内容
内容要求	体现先进性、突出实践性、强调创新性、注重发展性。
体例要求	课程需在20个培训要点范围内,并找到相应侧重的对应点。
课时及实施要求	课程容量一般为1~4个半天,半天计5课时。多人合作申报的课程,每人承担的实际课时数应不少于5课时。 课程实施应综合多种形式,如讲授式、研讨式、网络式,应彰显学习者参与的特征。
团队要求	课程建设以学校为单位,或者以有共同特点的几所学校为团队联合开发。可一人负责独立申报,鼓励以课程建设团队的形式多人合作申报,鼓励学校聘请市、区级专家对课程建设予以指导。

图6-2　浦东新区见习教师规范化培训课程建设的基本程序

　　同时,项目组组织专家,以上述文本为依据,着力研制培训课程建设的纲要性文件——《浦东新区中小学(幼儿园)见习教师规范化培训课程建设指南》(以下简称《课程建设指南》),规定了课程开发者、开发程序等关键问题。浦东新区搭建起了见习教师规范化培训课程的整体框架(见图6-3),完成了区域层面的顶层设计,对推进区域课程建设起到决定性的指导和引领作用。

　　《课程建设指南》拟定的134门课程,均可从《浦东新区见习教师规范化培训内容与要求》中找到明确的依据。课程囊括了中小幼全学科的培训内容与要求,以"教学五环节"(备课—上课—作业—辅导—评价)为主线,结合教育热点、日常突发事务处理等内容,为带教导师开发课程提供了目的、内容和课时等方面的指引,也为学校层面组织专题化、系列化的培训提供了依据。带教导师根据《课程建设指南》能清楚掌握课程的主题,以及设计的课程内容和实施方式。下面将选取部分内容加以说明(见表6-6)。

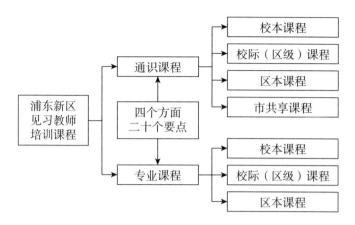

图6-3 浦东新区见习教师规范化培训课程框架

表6-6 浦东新区见习教师规范化培训课程建设指南(节选)

序号	课程名称	课程描述	课程类别	课时	课程依据(市、区培训内容)
1	不同文体文章阅读教学内容的确定策略	本课程旨在使见习教师掌握不同文体的文章构成规律,发现文章的教育价值,从而确定具体篇目的阅读教学内容。 课程内容:不同文体文章具有的特征性要素;教学内容的含义和选择依据;确定教学内容的一般原则;依据学情选择相应学习指导策略的方法和路径。 建议授课方式:讲授、案例分析、讨论交流、实践操作等。	专业	10	能对指定单元进行教材分析与教案设计,并在教研组内说课。
2	高中语文课堂教学活动的设计	本课程旨在使见习教师熟悉课堂教学活动的三种常见形式——教师讲授、小组合作学习和个人自主学习,使见习教师能初步设计一节课中的若干学习活动。 课程内容:一个学习活动构成的基本要素;三种常见课堂学习活动的特点;三种活动形式的设计依据和设计方式;依据学情和教学目标达成的需要设计学习活动的方法;对一堂语文课的活动设计进行诊断和评析。 建议授课方式:讲授、案例分析、讨论交流、实践操作等。	专业	10	在导师的指导下正确、熟练地掌握教育教学基本功,包括学科基本技能的操练等。

（续表）

序号	课程名称	课程描述	课程类别	课时	课程依据（市、区培训内容）
3	高中语文课堂的问题设计	本课程旨在使见习教师初步掌握课堂教学中的问题设计方法。 课程内容：课堂提问的基本要求；一个问题的恰当表述方法；如何根据学情和教学目标设计一组问题链；如何在课堂上追问或质疑；对一堂语文课的问题设计进行诊断和评析。 建议授课方式：讲授、案例分析、讨论交流、实践操作等。	专业	10	在导师的指导下正确、熟练地掌握教育教学基本功，包括学科基本技能的操练等。
4	高中作文教学的构思指导	本课程旨在使见习教师初步掌握写作教学的目标定位和写作构思指导方法。 课程内容：根据高中学生的写作能力发展需求确定写作教学的目标，创设合适的情境激发学生的写作动机；如何布置写作任务；如何在课堂上设计必要的活动指导学生展开构思并习得构思谋篇的方法。 建议授课方式：讲授、案例分析、讨论交流、实践操作等。	专业	5	能对指定单元进行教材分析与教案设计，并在教研组内说课。
5	高中作文评改的方法	本课程旨在使见习教师基本掌握高中作文评改的基本策略与方法。 课程内容：高中作文评改的常用符号；高中作文评改的基本要求；如何根据当次写作的目标和要求撰写评语；如何明确怎样修改自己的作文；如何指导学生进行自评和互评。 建议授课方式：讲授、案例分析、讨论交流、实践操作等。	专业	10	在导师的指导下正确、熟练地掌握教育教学基本功。

（续表）

序号	课程名称	课程描述	课程类别	课时	课程依据（市、区培训内容）
6	《上海市中小学语文课程标准（试行)》解读	本课程旨在使见习教师了解语文学科的基本特征,了解高中语文教学的基本要求。 课程内容:语文学科的特点;语文教学的总目标和高中阶段的语文教学目标定位;高中语文课程的课型结构;高中语文教学的基本方式;高中语文课程的评价方法。 建议授课方式:讲授、案例分析、讨论交流、实践操作等。	专业	5	在导师的指导下通读所教学科课程标准,在教研组内进行一次课标解读专题发言。
7	高中语文拓展型阅读课程的开发	本课程旨在引领见习教师根据学生的语文能力发展需求,结合教学内容适当开发拓展型阅读课程。 课程内容:拓展型阅读内容的选择与组合;基于学生语文能力发展需求确定阅读目标;如何规划和布置学习任务;基于学生的已有学习经验确定阅读的方式;如何给学生的自主阅读提供必要的方法和资源;如何对学生的学习过程及时进行评估指导;如何展示并评价学生的学习成果。 建议授课方式:讲授、案例分析、讨论交流、实践操作等。	专业	10	完成一门拓展型选修课的构思与教学大纲。
8	高中阅读测试的命题方法	本课程旨在使见习教师对高中语文阅读测试命题有一定的了解与认识,以起到"以评促教"的作用。 课程内容:高中语文单元阅读测试的目标设定;高中语文阅读测试命题的常见题型;高中语文阅读测试命题的常用术语与题干表述原则;高中语文阅读测试的排版格式;阅读测试的质量分析方法。 建议授课方式:讲授、案例分析、讨论交流、实践操作等。	专业	20	编一次单元考试试卷,实测后进行质量分析。

三、区域见习教师培训课程建设的流程与实施要求

根据区域层面课程建设相关指导性文件的要求,课程建设包括五个基本程序,包括开发—评审—实施几大步骤。对于课程开发者与实施者的带教导师和所在学校而言,他们最为关切的,同时也是对他们的专业成长与发展最具影响的是课程开发与实施。下面从课程开发与课程实施两个方面介绍浦东新区的具体做法。

(一)培训课程的开发流程

区域要开展见习教师规范化培训课程建设,逐步构建具有区域特色的见习教师规范化培训课程体系,形成区域、基地(聘任)学校、导师等立体联动指导实践的共同体,首先就要使带教导师清楚区域课程建设的政策要求、课程开发的基本要求与操作流程。这是做好课程建设的关键一步。

1. 培训课程的选题

带教导师在理解区域课程建设文件精神的基础上,即可进入选题阶段。选题之前,带教导师须进行多方调研。首先要了解见习教师的培训需求,因为培训需求是培训课程设计的前提,也是最基础、最关键的环节。见习教师跟随带教导师学习、实践,在亲身躬行与实践体悟中,他们真实地面对各种复杂的教育情境,对于自身需要的培训有着更为深刻的感知。带教导师对他们的需求进行调研,既便利又具有针对性。

调研时可采用 OTP 需求分析模式、实地座谈、网络问卷调查等方法,了解见习教师最需要解决的问题,以及他们对培训的内容、方式等方面的想法。例如,调研后发现见习教师的困惑与苦恼集中在不知如何管理课堂纪律和组织课堂教学、缺乏丰富的课程理论知识,另外学科教学法知识相对匮乏,找不到较强的职业归属感等。在培训方法方面,见习教师希望带教导师或名师多进行教育教学经验介绍,平时遇到疑难问题可得到导师即时的指点或点拨,还希望可以参与备课组的集体备课。在培训课程内容方面,见习教师则希望以问题为中心,以案例为载体进行学习,使自己学到教学设计与实施、教学管理、教学方法及更多所任学科的专业知识和先进的教育理念。

了解见习教师的困惑和需求后,带教导师应结合平时指导中发现的见习教

师的问题,遵循见习教师规范化培训规定的四大板块的 20 个点的内容范围来确定课程主题。

通识培训类主题包括:

① 前沿理念类;

② 师德、专业理想类;

③ 职业理想与职业道德提升类;

④ 热点类;

⑤ 教师仪态、仪表等基本素养类;

⑥ 信息管理基本技能类;

⑦ 教师身心健康类;

⑧ 教师专业精神提升类;

⑨ 教育政策与法规类;

⑩ 人际交往协调类;

……

学科技能、实践类主题包括:

① 实践情境类;

② 观课和评课类;

③ 案例解读与分析类;

④ 课堂教学操作技能类;

⑤ 教学评价类;

⑥ 课堂管理策略类;

⑦ 学科本体性知识类;

⑧ 课堂诊断类;

⑨ 制作和使用教具的能力类;

……

班级工作与育德体验类主题包括:

① 班干部会议、学生座谈会召开类;

② 主题班会类;

③ 社会实践活动方案、计划类;

④ 班级情况分析类(如学生个案分析、学生学期综合评价);

⑤ 儿童生活养成行为的调研分析类；

⑥ 策划和组织家校共育主题活动类；

⑦ 家访、班主任与任课教师的沟通类；

......

教研与专业发展类主题包括：

① 教师制订个人培训计划书、访谈优秀教师类；

② 读书笔记、读书心得、职业生涯体验随笔撰写类；

③ 教学案例研究类；

④ 职业自我认知类；

⑤ 命题评价类；

⑥ 板书等基本技能研究类；

⑦ 学科教学理念更新类；

⑧ 非师范专业毕业生知识类；

⑨ 见习教师自我提升与反思类；

⑩ 专业发展研究类；

⑪ 处理班级危机事件案例研究类；

......

这些课程是四大板块20个点的内容细化，虽是细化但实际上还无法直接用来做具体某个课程的主题。带教导师可以根据自身的教育教学经验积累和对见习教师的需求了解，对课程选题进一步细化，最终确定课程主题。浦东新区的基地学校经过多年的积累与提炼，已初步形成具有学校特色的见习教师规范化培训课程。

上海市建平中学培训课程大主题为"走进课堂"，下设6个专题：①师德修养；②教学设计；③课堂调控；④班主任工作；⑤教育科研；⑥教育心理学。体系清晰，结构完整，内容全面，每位带教导师可选择其中的专题切入，确定自己的课程主题。

上海市建平实验中学开设4个模块的培训课程：专业发展导向、教育写作指导、教学技能训练、德育与科研。共计11个专题，每个专题3课时。

上海市浦东新区工读学校相继开发了《工读学校教师职业道德修养导读》《职业生涯体验随笔》《硬笔书法教程》《卓越教师第一课——于漪谈教师素养》《班主任工作》等校本培训教材。

上海市第六师范附属小学开设"讲述身边优秀教师的故事""小学语文教学设计的撰写""影子班主任"等课程。

上海市浦东新区张江高科实验小学开发了"怎样观课、评课""基于课程标准的教学与评价""综合学习活动设计"等特色培训课程。

在选定主题的同时,带教导师应该特别注意培训课程内容需要符合见习教师规范化培训的特点,在"规范化"特质的基础上,体现先进性、实践性、创新性和发展性,立足本区和本校的实际,提炼区域、学校或个人的教育教学特色和科研成果,力求具有较高的教育教学理论价值和较强的教育教学实践指导意义,恰当运用现代教育技术与方法,争取在同类课程中具有一定的影响力和较强的示范性。

（1）体现先进性

课程内容要体现时代要求和先进的教育教学理念,吸收青少年研究、学习科学、心理科学、学科教学研究与信息技术研究等方面的新成果。

（2）突出实践性

课程内容不但要突出见习教师是反思性实践者的特点,还应关注见习教师的培训需求,注重解决见习教师在培训实践中暴露的问题,凸显针对性和适应性,帮助见习教师提升研究意识和实践能力。

（3）强调创新性

课程内容在目标设定、内容选择与呈现方式、教学与评价方法设计、与信息技术的融合等方面都应有所创新,应代表见习教师培训的发展方向,对全区见习教师规范化培训的课程建设和项目研发起到示范引领的作用。

（4）注重发展性

课程内容要以发展的眼光,充分考虑见习教师成长与发展的需求,并适合区域内推广使用,为使用者提供持续、有效的教育教学支持。

带教导师在选题时不仅要根据见习教师的需求和逻辑起点,还要思考这些培训课程对见习教师后期工作的启示和价值等问题,也就是在关注当下的同时还需要考虑见习教师潜在的需求和未来职业发展的需求。

2. 培训课程方案的设计

确定选题后,即可进入课程方案的设计环节。对于课程方案的设计,区域层面提供了模板,课程建设者按照模板要求填妥具体内容即可。填写之前,设计者要清楚课程方案包括的基本要素和每个内容要素的注意点与关键点,然后才能根据要求设计出一份完整的、具有可行性和可操作性的课程方案。

课程方案设计的模板主要包括以下栏目:课程名称、课程类别、适合学段或学科、师资团队情况、培训对象及其需求分析、课程的背景和意义、课程目标、课程内容(须列出三级提纲)、主要特点与创新、课时安排、课程实施过程和方式、课程评价等。

(1)课程名称和课程类别

课程名称的表述要简洁明了,名称应体现学科、学段以及课程内容,如"多媒体环境下高中语文学科的教学设计"。

见习教师规范化培训课程分通识课程和专业课程两大类,在课程类别中要注明本课程属于通识类还是专业类。通识类课程,诸如教师个人修养提升、有关政策法规等内容的课程;专业类课程是教师学科教学知识、技能等相关的课程。注意所有课程均应在见习教师规范化培训的培训要点范围内找到对应点。

(2)师资团队

见习教师规范化培训课程的建设可以以学校为单位,或者以有共同特点的几所学校为团队联合开发。可一人独立申报,也鼓励以团队形式多人合作申报,鼓励学校聘请市、区级专家对课程建设予以指导。实行课程负责人制度,每门课程的负责人应具有丰富的培训经验、教学或德育管理经验,培训特色鲜明,培训成效显著,一般应具有中高级职称或区级学科带头人、骨干教师以上称号。团队申报的负责人及团队成员,均应从事过见习教师规范化培训,并对此项工作有责任心、有专长和研究、有比较成熟的课程成果资料。

(3)培训对象及其需求分析

课程的适用对象要定位准确,见习教师的培训课程虽然都适用于见习教师,但还要细分适合什么种类、学段或学科的见习教师,或是某个学段某个学科具有某些共同特点或需求的见习教师。课程适用对象一定要表述明确,这样才能便于见习教师选课时有所甄别。

(4)课程开发背景

课程开发背景包括与课程主题相关的现状、课程相关主题目前存在的问题、课程的价值、课程已有的建设基础和条件等内容。

(5)课程目标

课程目标指课程本身要实现的具体目标和意图。培训目标一定要根据学员的现状与培训需求进行分析,要以学习者为主体,表述时应简洁、具体,而且还要可评估,指向学员的学习结果。

（6）课程内容架构与教学活动设计

课程内容务必与课程目标一致,且内容之间应具有逻辑性。一般而言,培训课程方案包括培训课程所对应的完整的培训内容,含三级提纲和完整的课程讲义。教学活动设计是为了更好地支持受训者在课程学习过程中的参与和互动、体验与内化而设计的系列活动。所以无论是课程开发者的专题解读,还是受训者之间的合作学习,或是案例研讨、实践操作等,都不能偏离课程目标和课程内容。为了让参训者更好地深入学习课程内容,开发者可推荐一些学习资源,如在教学中需要用的音视频材料、PPT、参考书目、案例等。

（7）课时安排

课程容量一般为 1~4 个半天,半天计 5 课时,即 5~20 课时。多人合作申报的课程,每人承担的实际课时数不少于 5 课时。

（8）培训形式

培训应采用多种形式,强调参与性与互动性。具体包括讲授式（以主讲授课为主,突出案例教学,辅以观摩、互动讨论等形式）、研讨式（以学员活动为主,如体验、研讨、交流或现场观摩诊断等形式,授课者加以指导和组织）、网络式（通过网络平台,以微视频、论坛等与学员互动,并与面授相结合）,等等。所有课程都应具有学习者参与的特征。

（9）课程评价

课程方案中应阐明评价要求。课程评价一般分为形成性评价与总结性评价,形成性评价强调注重受训者的过程参与和互动,终结性评价强调受训者的课程实践、作业反馈等。课程开发者要注明不同培训评价所占的权重。

（二）区域培训课程的实施要求

带教导师完成课程开发,并且经过课程评审后,还应严格按照区域课程实施的程序和要求开展。

1. 课程实施的场合

见习教师规范化培训课程主要在区级集中培训、基地学校培训、聘任学校培训、区见习教师规范化培训项目管理组设计的专题培训中使用。

2. 课程实施的一般流程

（1）开班前

课程申报者根据浦东新区见习教师规范化培训课程评审评价标准的要求（见表6－7），填写好浦东新区见习教师规范化培训课程开班信息单（见表6－8），并和其他上课材料一起提交给区见习教师规范化培训项目管理组。经审核合格的课程，由项目管理组统一为讲课人申请区级学分，开具相关证明。

表6－7　浦东新区见习教师规范化培训课程评审评价标准

一级指标	二级指标	指标要点	备注
课程立意（20%）	针对性	提升见习教师专业素养；促进见习教师形成规范的教育教学行为；提高见习教师的教育教学实践能力。	
	前瞻性	体现课程教学改革的新要求，引领见习教师的专业发展。	
课程目标（20%）	适切性	目标设定的依据科学，建立在对课程内容和见习教师实际情况的分析基础上；目标的定位适切，通过实施能够达成。	
	清晰度	目标的表述具体，具有实际的意义内容；总体目标之下细分有活动模块的目标。	
课程内容（30%）	适用性	为见习教师规范化培训内容与要求的4个方面20个要点中的内容。	
	科学性	内容典型、精练；内容的广度、难度和长度适中；理论与实践、原理与应用比例合理；结构合理，符合教师的学习特点与学习规律。	
课程实施（20%）	实践性	基于教学现场，走进真实课堂开展培训，通过实践体验、现场诊断和行动反思解决实际问题。	
	适切性	采取案例式、探究式、参与式、情景式、讨论式等多种方式开展培训，满足见习教师的个性化需求。	
课程评价（10%）	目的性	培训作业的功能明确，指向课程目标的达成。	
	多样性	方式与手段多元，全面考核课程学习效果。	
评价等第			
评审意见		（从针对性、适切性、科学性、实践性等方面撰写评审意见：描述长处，指出问题和后期修改意见）	

课程评审时重点关注课程架构的清晰度和课程体系的完整度,即是否符合课程理念、课程目标、课程内容、课程实施、课程评价五大课程要素的基本要求。这使得课程评价不仅清晰明确,同时也更加科学客观。

表6-8　浦东新区见习教师规范化培训课程开班信息单

_____年___月___日

基本情况	课程名称		主讲教师	
	授课对象		学员人数	
	授课时间			
	授课地点			
学员情况分析				
课程目标设计				
课程实施效果				
学员学习效果				
自我总结与反思				
可能的改进思路				

(2) 开班中

课程开发者须填写见习教师规范化培训课程学员考勤表(见表6-9)。根据区域要求,强化导师培训的过程性指导,加强对学员的日常监督和定期评价。

表6-9 浦东新区见习教师规范化培训课程学员考勤表

课程类别:				班级人数:		
班级名称:						
任课教师:						
序号	培训编号	学员姓名	所在单位	考勤课时	成绩	备注
…	…	…	…	…	…	…

（3）开班后

接受区域组织的专家指导。区域专家将从课程实施效果、课程优劣评析、课程改进优化建议、学员建议等方面进行观察、评价和反馈（见表6-10），带教导师应从不同维度全面审视课程质量并加以进一步修订和完善。

巡视评价专家对课程的评价主要关注以下内容:课程内容的完整性,是否富有启迪意义与使用价值;课程内容是否能将理论阐述与实践案例相结合,是否深入浅出、生动易懂;课程活动的合理性,是否能吸引学员主动参与;课程学习资料及课程作业是否能帮助学员理解课程内容;本课程的学习对后续学习是否有所助益。

表6-10 浦东新区见习教师规范化培训课程巡视评价表

_____年___月___日

基本情况	巡视人			
	巡视对象		巡视课程	
	巡视时间			
	巡视地点			
	学员人数			
课程实施的过程记录				

（续表）

课程实施的 效果评价	
课程优势与 不足的评析	
课程优化的 改进建议	

参训学员也要按要求及时填写见习教师规范化培训学员评价表。学员从见习教师的角度反馈他们对课程的整体印象,对课程内容和教师教学进行评价,提出相关意见与建议。带教导师可基于学员反馈、开发者自我反思和专家跟踪评价等结果不断优化课程。这些评价资料和结果,也使课程实施评价富有可操作性和科学性。

表6-11 浦东新区见习教师规范化培训学员评价表

填表人＿＿＿＿＿＿ 填表时间＿＿＿＿＿＿

主讲教师			课程名称	
课程整体印象	□ 优秀	□ 良好	□ 一般	□ 较差
课程内容评价	□ 优秀	□ 良好	□ 一般	□ 较差
教师教学评价	□ 优秀	□ 良好	□ 一般	□ 较差
意见与建议	1. 我认为本课程的优点是: 2. 我从本课程中学到了: 3. 我认为本课程有待改进的地方是:			

3. 课程实施的组织形式

课程在具体实施时可采用面授、网络授课和混合授课等多种类型。根据培训内容和培训对象的需求,带教导师可结合实际情况灵活运用不同的组织形式。

（1）讲授式

带教导师通过自己的语言为见习教师直接传授知识,包括讲述、讲解、讲评等不同方式。这种方法一般用于培训课程中出现新知识和新概念时,它的好处是可以较为连贯地传授知识,使学习者在较短时间内获得更多的知识,也有利于带教导师充分发挥主导作用,缺点是单向传递信息,反馈效果较差。

（2）案例研讨式

带教导师通过模拟的情境,向见习教师提供课程相关的案例资料,组织见习教师对案例进行阅读、讨论、交流和分析,引导他们找出培训案例中存在的问题,以及相应的解决方法。

课程"多媒体环境下见习教师怎样进行板书"的培训者先选取了部分见习教师在课堂教学考评过程中的板书设计,然后组织见习教师分析这个板书想解决的问题、板书设计的依据以及案例还可以怎样做得更好。接着对案例进行剖析、反思和总结,让见习教师了解教学案例背后的教育教学理论,以及案例解决实际问题的发展脉络。同时引导见习教师学会将培训中学习到的知识与自己的教学实践结合起来并从同伴的发言中学习新知识。

（3）问题探究式

带教导师提前引导见习教师有目的地收集实践中遇到的问题,并将问题进行分类整理,再逐一进行探究。这种培训方法对带教导师的组织调控能力和处理突发事件的能力要求较高。导师要能引导和把握研讨的进程,控制讨论的重心和焦点,力求集中解决见习教师认知模糊之处或急需解决的问题。这种方法需要带教导师事先设计好讨论的内容,这是保证活动确有成效的关键。

上海市洋泾中学的培训导师带领见习教师梳理了自己评课中遇到的各类问题和困惑,并筛选整合成三大板块的问题集,发布在校园网平台,发动学校全体教师为学员答疑解惑。在此基础上,学校利用技术手段建成数字化自动录播教室和"听课教室",开发了听与评即时交互的环境,解决了见习教师"沉默听课"单向接收信息、缺乏判断和交流的问题,研制了九种教学诊断量规,开发了四种"切片技术"。通过诊断、分析和改进,以"面向事实,基于证据,关注细节"为准则,在问题探究过程中逐步改变学员"我以为"的思维习惯,让学员养成基于证据探究问题的习惯。

（4）动态跟踪式

针对课程一个阶段的学习,带教导师根据课程培训中传授的方法和思路,给见习教师布置带着反思性的"作业",让见习教师回到工作岗位加以实践,并在过程中进行及时跟踪反馈。

例如,很多见习教师缺乏管理不听话学生的经验,不知道应如何与家长沟通,他们特别希望导师或学校进行相关案例的指导。一些学校基于现状,不仅开设了相关课程,还创生了许多有效做法。

上海市浦东新区冰厂田幼儿园在班级建设、环境创设等专题培训中,导师示范案例后出示见习教师的自我评价表,让他们对照自查。结束后发放回访跟踪表,由保教主任和班主任导师对见习教师的实践活动进行跟踪和记录,随时根据他们的实践进行指导。

上海市高桥东陆中学针对见习教师从"学生角色"向"教师角色"的转换过程中遇到的困难,开设班主任工作培训课程,设置了"如何建构和谐的师生关系""如何构建良好的家校关系"等教育论坛。在导师指导下,见习教师积极参加。随后导师通过组织见习教师观摩、交流、研讨等活动,以主题化研讨的形式推进,在跟踪研究中导师和见习教师共同寻求解决问题的有效策略。

(5) 课例学习工作坊

带教导师带领学科团队,引领见习教师在某一时期内,把真实的课堂教学过程当作研究对象,采取多种形式的学习、实践来提升教学行为。这是一种合作性研究。

上海市南汇第二中学张老师开设的"见习教师课例研究实践方法"培训课程属于课例学习工作坊的典型课程。她与课程团队成员向见习教师展示一些课堂教学中见习教师常常会忽视的观察点,并示范在教学活动中应如何加以实践。观摩学习后,要求见习教师执教一节实践课。课程团队成员分组进行课堂观察,并将观察员的总结点评、顾问参与等内容逐一细化到人。第二次培训时,团队成员一起把见习教师执教过程中的细节微格化、深入化,从一线教师、教研组长、教务主任、科研与培训者等不同的视角,帮助见习教师改进课堂教学。之后再次引导见习教师开展全程的实践活动,使他们学会深度教学与实践反思。

这种方式强调见习教师对课堂的深度思考。他们在亲历整个过程后,会逐步掌握一定的课例观察与课例分析的方法,也会思考:自己和别人的课堂中,学生在何处是顺利的,何处有障碍,原因是什么? 自己可从他人的教学实践中学到什么? 进而形成课例研究的习惯,学着将平时课堂随意的做法和散乱的思绪条理化,将课程理念和行动结合起来。

(6) 体验式

带教导师在课程培训时设计一些活动,让见习教师通过观察、参与等形式,在体验中获得对课程内容更直接的感受和认知。这种培训活动具有明确的任务指向,导师要根据见习教师的特点,详细思考"体验式"培训活动的目标、主题、切入点及情境的创设。这种培训方法强调学员在实践中的主体地位,并以思考贯穿始终。

上海市东昌东校潘老师开设的"见习教师教学质量分析报告撰写指导"培训课程,以自己教学实践的真实案例为基础,先介绍试卷、命题编制方法(双向细目表)的相关知识,辅以如何撰写教学质量分析报告的案例说明,然后让见习教师结合自己教学中的"实测"内容,对测试相关数据进行统计、分析和反思,完成教学质量分析报告的初稿。第二次培训时,潘老师对见习教师完成的教学质量分析报告进行有针对性的指导与修改。在不断体验的过程中,带教导师引导见习教师参与课程的专题学习与培训,通过模仿、实践和操作,帮助他们分析、梳理,进一步加深对课程理论知识的理解,提高他们对"质量分析"内涵的理解,增强分析报告撰写的能力。

(7) 实践分享式

带教导师在课程开设期间,引导课程团队教师对见习教师和其他教师开放培训,紧扣课程内容焦点,与其他教师和学员面对面地分析课程中的问题。这种课程培训方式以见习教师希望解答的问题或困惑为切入点,强调以导师群体反思促进培训导师主体的新认知的生成。这类培训有几种情况。

第一种:培训课程在学校内部带教导师团队之间分享。

上海市浦东新区澧溪幼儿园培训课程针对部分见习教师对职业缺乏敬仰之心,对孩子缺乏关爱和责任感的现状,开设了"做一个'四有'幼教人"培训课程。在幼教人的理想信念、幼教人的仁爱之心、幼教人的道德情操、幼教人的扎实学识等课程模块中,分别设置了案例分享、同伴分析、交流等环节。在"幼教人的仁爱之心——从幼儿的视角论尊重和爱护"模块,带教导师以视频的方式向大家分享案例:

"珍惜孩子的成果"。为了准备画展,张教师鼓励小朋友们在家练习绘画,并将绘画作品带到幼儿园。过了几天,孩子们纷纷带来了自己的作品,张教师在孩子们自由活动时,精心挑选了她认为的"好的作品",随手将所谓"不好的作品"丢到了废纸篓里,而废纸篓就放在小朋友经常活动的走廊内。美丽的画展终于布置好了,在画展前,张老师得意地欣赏着,他只看到部分孩子高兴的神情,却没有留意那些作品被丢弃的孩子的失望、沮丧的目光。

课程实施者引导园内其他带教导师对案例进行交流分享。

团队成员1:孩子的劳动成果可能会有高下之分,但即使是粗糙的成果,也是孩子尽最大努力换来的,若老师不加以珍惜,势必会挫伤孩子的积极性,也会使孩子的心灵受到伤害。孩子的心灵很稚嫩、很脆弱。爱孩子需要从每个细节入手!

校内其他导师1:尊重孩子要体现在教师的言行举止中。孩子希望得到老师的欣赏和肯定,他们有被尊重的权利和需要。当你随手丢掉孩子一张画的同时,也许会改变你在孩子心目中位置。

主讲者1:那么在你的工作中,身边老师是怎样做到"尊重孩子"的? 后面让见习教师参与讲述。

通过这样的课程分享,充分挖掘和利用每一个见习教师原有经验的价值,让他们对师德如何落到实处有行动的指南。

第二种:多元主体共同参与,课程在基地联合体之间共享。

导师团队通过共享和研究的方式,对培训中的问题进行积极的反思,最终共同提高。

如川沙中学利用川中教育集团的优势,开设教学技能、现代信息技术等培训课程,联合五三中学等集团内的学校,共同培训学员。带教导师通过集团之间的听课、互动式评课、教学研讨等形式,一起研讨课程内容的衍生点,讨论课堂教学环节的处理以及课堂问题产生的原因。并在集团内部要求大家进一步深入探究,根据前期培训进行设计和教学,思考:还可以怎样处理? 还能做到什么层次?

第三种:培训课程在基地学校和聘任学校之间共享。

这种联动培训形式,既是"规定动作",又是"常规动作"。例如,浦明师范附属小学的学校课程培训以解决见习教师的课堂教学问题为中心,用"六课联动"作为培训载体,基地学校联合学员所在的聘任学校,通过名师送课、寻访学课、蹲点导课、骨干引课、互观磨课等互动形式,共同参与见习教师课程内容的学习实践,一起提出改进和反思意见,在双方合力下共同提升见习教师的教育教学能力。

这种共享形式基于见习教师遇到的问题确定带教导师和见习教师间对话的起点,促使带教导师共同反思培训课程应该达到什么目标、目前的培训内容与方法是否适合见习教师、期望的培训结果出现了吗、该怎样改进。在这种持续的思考中明确对话的落脚点,提高带教导师、团队教师、见习教师等不同主体的反思意识和能力。

四、区域见习教师培训课程建设的成效与反思

(一) 区域见习教师培训课程建设的成效

1. 开发了覆盖全学段、全学科的培训课程

浦东新区在积极响应上海市教委整体部署的基础上,结合区域实际情况,因地制宜地推进见习教师规范化培训课程建设工作,在研究见习教师职业需求和成长规律的基础上,开发了覆盖全学段全学科的培训课程。其中既有促进教师专业发展的实践类课程,也有通识类课程。这些课程涉及的维度、模块和内容都不尽相同,但均体现了见习教师培训课程的特点。区域组织专家对申报的课程进行评审,遴选出优秀课程,成为区域见习教师规范化培训的课程资源。

2. 促进了带教导师的专业成长

在浦东新区,不仅基地学校领导重视见习教师培训课程的开发,教发院更是积极鼓励带教导师开发区域层面的培训课程,并邀请专家提供问诊式咨询,为课程开发者提供专业指导。带教导师在课程开发和课程实施的过程中,更为深刻地体会到教师的专业发展和提高仅凭已有的课堂经验远远不够,还需要不断学习理论知识、不断反思和梳理自己的教育教学行为,并及时根据教学实践和见习教师的学习反馈进行调整和更新。

课程建设的任务对带教导师提出新的更高的要求,也给他们带来了压力。这种压力也大大促进了带教导师的反思总结和经验提炼,将已经获得的经验理论化,使隐性知识得以显性化。课程建设的过程让带教导师将带教过程同步转化为自我提升的过程,不断解决自身存在的现实问题。总之,课程建设促进了带教导师的专业成长,促使他们走出舒适区、跨越高原期,获得意料之外的成长。

3. 建立起过程管理跟踪机制

浦东新区为使见习教师在课程培训中获得更有益的专业收获,对带教导师

设计的课程实施区域化的过程管理与评估,建立了培训课程的过程管理机制,将评价指标落实到课程开发和实施等各个环节中,并将其作为课程改进的重要依据。区域层面研发了《浦东新区见习教师规范化培训课程开班申报表》《浦东新区见习教师规范化培训课程实施反馈单》《浦东新区见习教师规范化培训课程学员考勤表》《浦东新区见习教师规范化培训课程学员评价表》《浦东新区见习教师规范化培训课程巡视评价表》等评价工具,使评价富有可操作性。

4. 推动了区域规范化培训的长效发展

浦东新区见习教师规范化培训课程在区域范围内组织了两轮征集,共征集到课程 408 门,经专家组初审和复审,评选出区级"优秀课程"61 门、"合格课程"90 门。其中 11 门课程经推荐、评审成为市级培训课程。浦东新区见习教师规范化培训的成效借课程建设的平台向外省市辐射,多种市级以上的教育教学刊物上对此有专门的介绍和报道。

开发课程给带教导师和基地学校搭设了更高的展示平台,解决了基地学校在带教过程中带教力量的差异性,弥补了部分基地学校带教力量的不足,在一定程度上避免了课程开发和管理的重复性劳动。区域层面将通过更为完善的顶层设计鼓励更多带教导师开发优秀课程,并将其纳入区域课程资源库。

带教导师的培训课程从学校推向区域,从区域课程共享走向市级乃至跨省市的培训交流。以此为契机,使得带教活动因培训课程更加规范、更为系统,使见习教师规范化培训由事务性走向了专业性。

(二) 区域见习教师培训课程建设反思

浦东新区见习教师规范化培训实施了若干年,带教导师培训课程建设也取得了一定的成果,逐渐形成了一批精品课程,培养了一支优秀的培训者队伍,拓宽了见习带教导师的学习渠道,但这个过程中仍存在一些亟须改进的地方。

1. 带教导师课程开发实施仍需加强培训

虽然浦东新区的带教导师在课程开发和实施方面取得了可喜的成绩,但仍存在不少问题。例如,部分课程内容过于宽泛,课程内容与课程目标关联度不够,课程模块封闭、单一,课程框架缺乏逻辑性,课程方案简单,授课形式单一,无法满足见习教师的实际学习需求。在对带教导师的调研中也发现,很多导师对如何将丰富的教学经验、带教经验、学生管理经验等转化为课程资源以及如何撰写课程纲要等方面存在不少困惑。这就需要区域将相关培训课程的建设指导落实到课程申报前、评审后、实施前、实施后等各个环节。

课程申报前,区域相关部门应指导带教导师对课程框架的要求进行解读,了解课程模板、课程申报和评审的要求与流程。课程实施前,要依据课程实施意见的要求,让带教导师了解课程实施的基本规范与要求、课程实施与评价方式等内容,以确保培训课程能有序开展。课程实施后,可针对课程中出现的问题,提供培训与相关指导,帮助导师了解培训与教学的区分,清楚培训人员应该具备的素养及相应的提升方式。

2. 培训课程的资源建设有待加强

区域课程评审后发现培训课程的潜在资源还有待开发。在实践中很多带教导师的课程意识跟不上,导致一些潜在的优质资源未得到挖掘与共享。另外,优质课程的资源共享还不够,部分优秀课程是在学校层面使用,且多以线下课程为主,辐射面较小,并未充分发挥应有的作用。跨校联合实施课程也尚在摸索中,尚未形成区域体系化的方案,这也会造成课程资源的浪费。建立规范、有序的区域课程资源共享机制,实现将所开发的课程不断优化且逐渐扩大课程的影响范围,应该成为下一阶段区域带教导师培训课程建设工作的新思考点。

3. 带教导师的课程开发合作意识须提升

当前的课程建设多以教师个人申报为主,实施则以导师个人或校内团队联手,缺乏学校之间的联合申报。该现象反映了教师之间、学科之间、学校之间尚未充分实现同伴互助和智慧共享,对合作开发课程的意义认识不够。不同学校带教导师的课程指导能力不同,但可以围绕某个共同的学科培训主题,以解决实践问题为导向,研发不同水平的进阶的培训课程群,供不同能力水平的见习教师自主选择,形成可选、可用的菜单式的课程模块,从不同层级为不同学校的见习教师带来启发。

这样的合作模式整体功能远远大于每个带教导师课程的叠加之和,会形成一个带教导师间的学习合作共同体。因为他们拥有共同的目标和理想,基于共同的课程学习任务组成团队。基地学校、聘任学校、区域层面都应为积极开发课程的带教导师搭建平台,让更多有能力的带教导师走出校门,汲取其他学校的优秀经验,实现课程开发的强强联合。

（三）见习教师培训课程的成果辐射

浦东新区多所学校受益于课程研究及成果应用,学校教师的专业发展水平明显提升。2016 年至今,区域共评选出 2300 多名优秀见习教师,3000 多名见习教师参加了第二年教龄"教学基本功跟踪考评"比赛和第三年教龄"新苗杯"教学评比比赛,600 名教师在教学基本功跟踪考评中获奖,有 500 多名教师在"新苗杯"比赛中获奖。上海市建平中学张晓东、浦东教育发展研究院张娟等多位带教导师获得上海市教育委员会授予的"见习教师优秀带教导师"荣誉称号。薛濛濛等多位见习教师在上海市见习教师基本功大赛中获得市一、二、三等奖。

基地学校上海市洋泾中学开发的"事实和证据视野中的课堂教学诊断"见习培训成果,获得 2018 年国家级教学成果奖一等奖。该成果通过见习教师备课、上课、自评、互评、切片、分析、反思、改进等途径,在诊断 75 位见习教师视频课例的基础上,剖析他们存在的问题,助推见习教师熟练掌握基于视频课例的课堂研究方式,形成了四大模型:操作模型、思维模型、技术模型、管理模型,具有广泛的实践性和应用性,已向全国推广。

2019 年 10 月,浦东教发院见习教师项目组受上海师资培训中心邀请向云南部分区域的进修学院的主任、院长等人介绍上海见习教师培训课程开发的背景、政策支持、相关工具、课程培训的建设经验等。

《学习报》《文汇报》《现代教学》等多家媒体先后介绍了浦东新区的见习教师培训及相关培训课程的探索过程。带教导师在各级各类刊物发表相关论文、课例等若干,还有带教导师获得上海市级教学成果奖等多项奖励。

2020 年 1 月,浦东新区鉴于见习教师数量激增的现状,全面铺开见习教师培训通识和分学科培训课程网络化,把入围市级共享课程的优质资源整合,形成带教导师课程资源包,通过区域见习教师网络培训课程的形式,试行推广与辐射整个区域和学校,使课程资源实现共享和可持续利用。

这种培训模式既给开发课程的带教导师搭设了更高的展示平台,又解决了全区基地学校带教力量的差异性,弥补了部分基地学校带教力量的不足,同时又在一定程度上避免了基地课程开发和管理的重复性劳动。区域后续将通过顶层规划及现代技术手段鼓励更多带教导师开发优秀课程,并将其纳入区域课程资源库。把带教导师设计的课程从学校推向区域,从区域走向课程共享。使带教活动因培训课程开发而变得更加规范,由事务性走向专业性。

无论是课程建设还是跟踪辅导,其主要目的是将带教导师放在和见习教师同等重要的位置,给带教导师的专业发展提供成长路径、政策支撑和专业指导,让他们在付出的同时也能有所收获。这是放眼未来、放眼教育前景的见习教师、带教导师、基地学校、聘任学校"多赢"的教育观和人才观。浦东新区在工作中做了一些尝试和努力,取得了一些经验和成效,今后将一如既往地关注带教导师和见习教师的发展,关注"前浪"和"后浪"的潮涌共生,将项目管理的事务性工作做得更有价值、更具专业性。本章以浦东新区为例,目的在于抛砖引玉,期待更多区域探索的优秀经验。

以导师专业成长战略为导向的培训体系建设,是关系带教导师和见习教师成长、学校生存与发展、社会责任有效承担的重大问题。以战略为导向的见习教师规范化培训,需要充分与区域教育战略目标衔接,针对见习教师规范化培训工作出现的问题,构建完善的高效能培训体系,从而使区域人力资源发展和区域教育发展保持高度一致,有效引导见习教师健康成长,保证区域教育战略得到有效实施,最终有效承担社会责任,促进区域教育向新的高度再发展。

后　记

上海市见习教师规范化培训是一项创新性的教师教育新举措,可借鉴的经验较少,因此在全面推进的过程中,做好带教导师的实操培训和专业引领,加强带教导师团队的建设尤为重要,浦东新区在此方面进行了多年的尝试,初步摸索出一些经验,取得了一些成绩。为此我们用心编写了本书,期望从区域发展的角度助力见习教师规范化培训质量的提高。

编者怀着一种责任,为提高见习教师带教质量尽自己的一份力量;更怀有一种期盼,期盼为上海市见习教师规范化培训的带教导师制度建设提供经验做法,并形成自身的特色,使见习教师的职初培训可以高标准、严要求,使导师的双重专业发展可以规范化、科学化。为了这份责任和期盼,编写人员齐心协力,精益求精,几易其稿,终于顺利完成了本书的编写工作。

本书是项目组领导、成员和专家集体智慧的结晶。其中葛绍飞老师撰写了第一章和第二章的第一节至第三节,吴其胜老师撰写了第二章的第四节,万辉霞老师撰写了第四章的第一节、第五章的第一和第二节,崔文姬老师撰写了第三章的第三节、第四章的第二节、第五章的第三节,陆如萍老师撰写了第三章的第二节,陆伶俐老师撰写了第三章的第一节、第四章的第三节,张娟老师撰写了第六章。张新老师为全书统稿和执行编辑,李百艳老师、刘文杰老师对全书进行了策划和审阅。

本书在编写过程中还得到了上海市南汇第二中学、上海市浦东新区万科实验小学、上海市东昌东校、华东师范大学附属东昌中学等见习教师规范化培训基地学校和带教导师的大力支持。还有许多基地学校和带教导师都为书稿的编写提供了帮助,此处鉴于篇幅无法一一列出,亦在此表示由衷的感谢。

最后,特别感谢上海市师资培训中心宁彦锋老师和上海师范大学吴国平教授对本书的倾心指导;感谢上海教育出版社公雯雯、茶文琼两位编辑对本书的指导和辛苦付出;感谢所有引用文献、参考文献、提供案例的作者。

由于编写时间较紧,编者水平有限,书中若有不尽如人意之处,请教育界同行、广大读者批评指正。

李百艳

2022 年 9 月

图书在版编目（CIP）数据

学会带教：规范化培训视角下的带教导师专业修炼 /
李百艳主编. — 上海：上海教育出版社，2022.9
ISBN 978-7-5720-1687-5

Ⅰ.①学… Ⅱ.①李… Ⅲ.①中小学 – 师资培训 Ⅳ.①
G635.12

中国版本图书馆CIP数据核字(2022)第174241号

总 策 划 　刘　芳　宁彦锋
责任编辑 　茶文琼
书籍设计 　王　捷

学会带教——规范化培训视角下的带教导师专业修炼
李百艳　主编

出版发行　上海教育出版社有限公司
官　　网　www.seph.com.cn
地　　址　上海市闵行区号景路159弄C座
邮　　编　201101
印　　刷　昆山市亭林印刷有限责任公司
开　　本　700×1000　1/16　印张 14.5
字　　数　237 千字
版　　次　2022年10月第1版
印　　次　2022年10月第1次印刷
书　　号　ISBN 978-7-5720-1687-5/G·1552
定　　价　52.00 元

如发现质量问题，读者可向本社调换　电话：021-64373213